가위바위보
−소수가 다수를 이긴다

가위바위보 - 소수가 다수를 이긴다

발행일   2026년 2월 27일

지은이   김성진
펴낸이   손형국
펴낸곳   (주)북랩

출판등록   2004. 12. 1(제2012-000051호)
주소   서울특별시 금천구 가산디지털 1로 168, 우림라이온스밸리 B동 B111호, B113~115호
홈페이지   www.book.co.kr
전화번호   (02)2026-5777   팩스   (02)3159-9637

ISBN   979-11-7598-137-9 03300 (종이책)   979-11-7598-138-6 05300 (전자책)

작가 연락처 문의 ▸ ask.book.co.kr

전용 게시판에 문의를 남기시면 저자에게 직접 전달됩니다.

(주)북랩 성공출판의 파트너
북랩 홈페이지와 SNS에서 다양한 출판 솔루션을 만나 보세요!

홈페이지 book.co.kr   •   **블로그** blog.naver.com/essaybook   •   **출판문의** text@book.co.kr
카톡채널 북랩

공정한 게임 속에 숨은 권력과 결정의 메커니즘

가위 바위 보

소수가 다수를 이긴다

김성진 지음

회의는 길어지는데
결정은 늘 이해되지 않는다면,
왜 항상 같은 쪽이 이기는지
의문이 들었다면
그 답은 구조와 판에 있다!

 북랩

"우리는 공정한 룰을 믿지만, 공정한 룰은 항상 공정한 결과를 보장하지 않는다."

가위바위보.
인류가 만들어낸 가장 간단하고, 가장 공평하고, 가장 보편적인 게임이다.
한국에서는 가위바위보, 일본에서는 じゃんけん, 영어로는 Rock-Paper-Scissors. 이름은 달라도 구조는 같다. 도구는 필요 없고, 손 하나면 된다. 힘이 세거나 기술이 뛰어날 필요도 없다. 누구든 같은 조건으로 참여할 수 있고, 누구든 같은 확률로 이길 수 있다.
이 단순한 규칙이 너무 자연스럽고 보편적이어서, 우리는 종종 이 게임을 "공정함의 상징"처럼 받아들인다.

그런데 만약, 이 공정한 게임 안에서 소수가 다수를 지배할 수 있다면 어떨까? 공정한 룰 속에서도 결과가 기울어질 수 있다면 어떨까?

이 질문은 가위바위보만의 문제가 아니다. 오히려 민주주의라는 제도와 다수결이라는 원칙을 떠올리게 한다. 민주주의는 공정하다. 적어도 겉으로는 그렇다. 모든 사람은 한 표를 가진다. 누구든 참여할 수 있고, 누구든 발언할 수 있다. 그리고 다수가 선택한 방향이 사회의 방향이 된다는 점에서, 민주주의는 가장 합리적인 구조처럼 보인다.

하지만 현실에서 우리가 체감하는 결과는 그렇지 않을 때가 많다. 표는 공정했는데도 결과가 이해되지 않거나, 분명 다수의 의견이 있었는데도 아무것도 결정되지 않거나, 오히려 소수가 전체를 움직이는 것처럼 느껴지는 순간들이 있다.

왜 그럴까?

우리는 사회적 문제를 말할 때 종종 "부패", "무능", "불공정" 같은 단어를 꺼낸다. 물론 그런 설명이 맞는 경우도 있다. 하지만 나는 때때로 그보다 더 근본적인 질문이 필요하다고 느꼈다.

우리가 믿고 있는 '공정한 룰' 자체가, 어떤 구조적 편향을 내장하고 있는 것은 아닐까?

가위바위보처럼 누구에게나 열려 있는 게임조차, 결과를 기울게 만드는 방식이 존재한다면 우리는 정말 '공정한 룰' 위에 서 있다고 말할 수 있을까?

　나는 이 책을 통해 "사회는 이렇게 단순하게 설명할 수 있다"라고 주장하고 싶은 것이 아니다. 오히려 그 반대. 너무 단순해 보여서 우리가 무조건 신뢰하게 되는 시스템 안에도, 복잡한 힘의 설계가 숨어 있을 수 있다는 사실을 말하고 싶었다.

　나는 포항공과대학교(POSTECH)에서 물리학을 전공했다. 어릴 때부터 물리와 수학을 좋아했고, 남들보다 잘한다고도 생각했다. 수학 문제를 푸는 게 재미있었고, 우주의 원리를 설명하는 물리학이 마치 세상을 해석하는 '진짜 언어'처럼 느껴졌다. 상대성이론, 양자역학, 열역학을 배웠다. 각각의 이론은 하나의 세계였고, 정밀하게 구축된 사유의 구조였다.
　처음에는 그런 이론들로 사회를 설명해 보고 싶었다.
　"사회도 결국 에너지의 흐름, 정보의 전달, 입자 간의 상호작용과 비슷한 게 아닐까?"
　어쩌면 사회도 물리학으로 설명할 수 있을지 모른다는 꿈 같은 생각도 해봤다. 하지만 사회에 빗대어 보려면, 직관적이지 않은 논리적 비약을 여러 단계 준비해야 했다.

상대성이론만 해도 수학이 따라오지 않으면 개념이 흐릿해지고, 양자역학은 직관 자체를 배반한다. 열역학은 통계적이지만, 사람들의 감정과 의사결정은 쉽게 확률로 환원되지 않았다.

물리학은 아름다웠다. 하지만 사회는 그보다 훨씬 불안정하고, 불완전하고, 덜 정의로웠다. 물리학은 몇 개의 법칙으로 세상을 관통한다. 그게 물리학의 힘이고, 내가 물리학을 좋아했던 이유이기도 하다.

그러나 나는 사회를 보면서 자주 '법칙'이 아니라 '예외'를 보게 됐다. 사람들은 항상 같은 조건에서 다른 선택을 했다. 감정이 끼어들고, 기억이 끼어들고, 관계가 끼어들고, 때로는 이해관계가 끼어든다.

그래서 나는 거대 이론으로 사회를 붙잡기보다, 사람들이 실제로 반복하는 작은 룰, "게임의 규칙"을 보기 시작했다. 그 룰은 놀랍도록 단순했다. 그런데 그 단순한 룰 안에서 사람들은 늘 비슷한 방식으로 뭉치고, 갈라지고, 이기고 지고, 누군가를 밀어내는 장면이 반복됐다.

그리고 그 반복을 관통하는 하나의 패턴이 있었다. 결집한 소수는, 흩어진 다수를 이긴다.

"다수가 소수에게 진다고? 왜?"

그걸 설명할 수 있는 방식은 무엇일까?

이 책은 그 질문에서 시작되었다.

사람은 변덕스럽고 감정적이지만, 룰은 반복된다. 사람은 거짓말을 할 수 있지만, 확률은 거짓말을 하지 않는다. 그래서 나는 가장 단순한 룰을 골랐다. 가장 공정하다고 믿어지는 게임을 골랐다.

가위바위보.

이 책은 수학책이 아니다. 그러나 수학은 이 책에서 가장 정직한 증거가 될 것이다. 가위바위보라는 작은 룰 안에서, 우리가 평소에는 보지 못했던 구조를 드러내고, 그 구조가 민주주의, 조직, 시장, 플랫폼 속에서 어떻게 반복되는지 보여주고 싶었다.

그리고 마지막으로, 프롤로그의 질문을 다시 꺼내고 싶다.

왜 다수는 소수에게 지는가?

그 답은 어떤 도덕적 단어가 아니라, 어쩌면 아주 단순한 게임 속에 들어 있다.

목차

에필로그. 룰을 읽는 생존자

1장

결정되지 않는 사회

"세 가지가 다 나오면 아무도 지지 않는다. 아무도 지지 않으면 아무것도 결정되지 않는다."

나는 이 문장을 설명하기 위해 가장 공정한 게임을 가져왔다. 가위바위보. 이 게임이 앞으로 이 책의 언어가 된다.

우리는 매일 결정을 한다. 오늘 점심을 무엇으로 먹을지 같은 사소한 일부터, 회사의 방향을 어디로 잡을지 같은 중요한 일까지. 선택은 하루에도 수십 번 쌓이고, 그 선택이 삶의 궤적을 만든다.

사회도 마찬가지다. 정책이 결정되고, 예산이 배분되고, 어떤 산업이 성장하고, 어떤 산업이 쇠퇴한다. 사회는 결정을 반복하면서 앞으로 간다.

그런데 이상한 순간이 있다. 사람이 많아질수록 결정이 더 합리적이고 더 빨라질 것 같지만, 현실에서는 오히려 반대가 된다. 인원이 늘어날수록 회의는 길어지고, 결론은 흐려지고, "결정했다"는 말만 남는다. 그리고 그 결정에는 책임이 붙지 않는다.

사람들은 이유를 흔히 갈등에서 찾는다.

"서로 의견이 달라서 그래."

"정치질해서 그래."

"싸우느라 결정을 못 내리잖아."

누가 고집이 세고, 누가 욕심이 많고, 누가 리더십이 없어서 그렇다고 해석한다. 하지만 갈등은 결정을 막는 힘이 아니다. 갈등은 피곤하지만, 대개는 결론을 향한다. 두 편으로 갈리고, 설득이 오가고, 결국 어느 쪽이든 하나가 선택된다. 갈등이 문제라면 사회는 아예 움직이지 못했을 것이다.

사회가 진짜로 멈추는 순간은 다른 곳에서 온다. 사회는 갈등이 아니라 '무승부' 때문에 멈춘다.

가위바위보를 떠올려보자. 가위바위보는 단순한 게임인데도 독특한 성질이 하나 있다. 모두가 같은 걸 내거나, 가위·바위·보 세 가지가 모두 나오면 승부가 나지 않는다. 우리는 그 상태를 무승부라고 부른다. 무승부는 곧 "다시 하자"라는 의미다. 승부가 날 때까지 반복한다.

사회도 놀랍게 비슷한 방식으로 멈춘다. 선택지가 둘일 때는 결론이 빠르게 나지만, 선택지가 셋 이상으로 늘어나는 순간부터는 결론이 '사라질 수 있는' 구조로 바뀐다.

이때부터 의사결정은 다수의 뜻이 아니라, 결론을 만드는 기술과 연합에 의해 좌우되기 시작한다.

1. 우리는 왜 결정을 못 내리는가

회의를 떠올려보자. A가 좋다고 말하는 사람이 있고, B가 좋다고 말하는 사람이 있다. 이때까지만 해도 회의는 단순하다. A냐, B냐의 문제다. 서로의 논리를 비교하고 비용과 효과를 따지다 보면, 어느 쪽이든 과반이 모이면 결론이 난다. 다수결은 여기서 강력하게 작동한다.

"결정"이란 결국 둘 중 하나를 고르는 행위이기 때문이다.

그런데 많은 회의에서 결정이 흐려지는 순간은, 누군가가 이렇게 말할 때다. "C도 한번 검토해 보죠."

이 말 자체는 합리적으로 들린다. 실제로 합리적일 수도 있다. 문제는 그 순간부터 회의가 "선택"의 구조에서 "조합"의 구조로 바뀐다는 점이다.

선택지가 셋이 되면 과반이 깨질 가능성이 높아진다. A가 40%, B

가 35%, C가 25%라면 이제 다수는 아무 데도 없다. 다수결이라는 제도의 이름이 갑자기 어색해지는 순간이다.

이때부터 사람들은 'A가 옳으냐, B가 옳으냐'를 논의하는 대신, '어떻게 과반을 만들 것이냐'를 계산하기 시작한다. 정책의 품질보다 합의의 조건이 중요해지고, 논리보다 표의 이동이 중요해진다. 처음에는 다들 "합리적으로 검토하자"라고 말하지만, 시간이 지나면 문장이 바뀐다.

"A를 택하되, C가 원하는 조건을 일부 반영하자."

"B를 택하되, C에게는 다음번에 양보하자."

결정은 그 순간부터 '정답을 찾는 과정'이 아니라 '연합을 만드는 과정'으로 바뀐다. 이때의 연합은 선악의 문제가 아니다. 그것은 그냥 구조가 요구하는 행동이다. 선택지가 세 개인 순간부터, 다수결은 다수를 뽑는 장치가 아니라 연합을 뽑는 장치로 변한다.

그리고 더 근본적인 변화가 하나 더 생긴다. 회의가 길어질수록, 결정 과정은 점점 "내용"에서 "관계"로 이동한다. 처음에는 A와 B의 장단점을 따지다가, 어느 순간 "저 사람 편을 들면 다음에 내가 불리해질까?" 같은 계산이 들어온다. 말은 여전히 합리적이지만, 결론은 이미 정치적이다.

하지만 역설적으로, 그것은 인간이 타락해서 생긴 것이 아니라 구조가 그렇게 만든 것이다. 선택지가 둘이면 사람은 논리로 싸운다. 선택지가 셋이면 사람은 관계로 움직인다.

예를 들어 제품 개선안을 결정하는 회의에서의 한 장면을 보자.

A팀은 "지금 매출을 올리려면 가격 경쟁력을 강화해야 한다"라고 말한다. 그래서 쿠폰이나 프로모션을 강화하자는 안을 낸다.

B팀은 "지금 문제는 가격이 아니라 브랜드 신뢰"라고 말한다. 그래서 디자인과 UI를 바꾸고, 상세페이지 품질과 검수 기준을 올리자는 안을 낸다.

그리고 C팀이 말한다. "둘 다 맞는 말인데요. 저는 검색을 먼저 고치는 게 맞다고 봅니다."

처음에는 다들 고개를 끄덕인다. 맞는 말이다. 그런데 그 순간부터 회의는 '무엇이 옳은가'가 아니라 '무엇이 먼저인가'로 바뀐다.

선택지가 셋이 되는 순간 과반은 깨질 수 있다. A가 4표, B가 3표, C가 3표라면 결론이 나지 않는다. 그리고 결론이 나지 않는 순간부터 회의는 더 이상 논리의 게임이 아니다.

모든 사람의 시선은 C팀으로 향한다. C팀은 숫자로 보면 3표일 뿐인데, 결론을 만드는 열쇠가 된다. A팀은 C팀에 다가가 "그럼 검색을 먼저 고치고, 다음에 쿠폰을 하자"라고 말한다. B팀도 다가가 "검색을 고치되, 디자인 개선도 같이 묶자"라고 말한다.

이 순간부터 표는 의견이 아니라 거래의 단위가 된다.

A가 승리하기 위해서는 C에게 양보해야 하고, B가 승리하기 위해서는 C에게 약속해야 한다. 그리고 C는 '내 의견이 옳아서'가 아니라 '내 의제를 끼워 넣을 조건'을 선택한다.

회의가 길어질수록 논리보다 관계가 중요해지는 이유는 여기 있다. 사람들이 타락해서가 아니라, 선택지가 셋이 되는 순간 구조가 그렇게 만든다. 그리고 이 구조에서 결집은 논리보다 빠르게 작동한다.

2. 갈등이 아니라
'무승부'가 사회를 늦춘다

무승부가 길어질수록 사회는 느려진다. 하지만 느려진다는 건 단순히 답답하다는 의미만은 아니다. 무승부가 길어질수록 사회는 '결론'이 아니라 '조건'을 다루기 시작한다. 지연의 시간은 토론의 시간처럼 보이지만, 실제로는 연합을 만드는 시간이 되기 쉽다.

가위바위보에서도 무승부가 반복되면 분위기가 달라진다. 처음 몇 번은 웃으며 "또 비겼네" 하고 넘어가지만, 반복이 길어지면 어딘가에서 똑같은 말이 나온다.

"야, 작전 짜자."

이 순간부터 게임은 공정한 승부가 아니라 더 유리한 결론을 만들어내는 과정으로 바뀐다. 누군가는 '상대가 무엇을 낼지'를 예측하기 시작하고, 누군가는 "이번 판은 그냥 넘기자"라며 시간을 벌려고 한다. 무승부가 길어지면 운이 아니라 기술이 들어온다. 그리고 기술이 들어오는 순간, 공정한 룰 위에서도 결과는 기울기 시작한다.

사회도 마찬가지다. 회의가 길어질수록, 공식 자리에서 말이 많던 사람이 유리해지는 것이 아니다. 오히려 회의 밖에서 이미 합의를 만들어온 사람이 유리해진다. 겉으로는 토론처럼 보이지만, 속에서는 결집이 진행되고, 결집된 쪽이 결국 결론을 가져간다.

무승부가 길어질수록 정치가 강해진다는 말은 단순한 비유가 아니다. 결정이 지연되면 그 지연을 이용할 수 있는 사람이 생긴다. 누군가는 사람을 만나고, 누군가는 의견을 맞추고, 누군가는 약속을 만든다. 어떤 사람은 침묵하며 기다리지만, 어떤 사람은 그 시간 동안 이미 판을 설계한다. 그리고 그 시간이 언제나 공평하게 주어지지는 않는다.

무승부는 공정함을 지키는 장치처럼 보인다. 하지만 동시에 무승부는 조직된 소수에게 시간을 준다. 그 시간이 길어질수록 연합은 더 단단해지고, 다수는 더 분산된다. 결국 무승부는 공정한 판을 '기술의 판'으로 바꾸는 장치가 된다.

3. 다수결이 작동하지 않는 순간: 선택지가 셋 이상일 때

다수결은 전제가 있다. 선택지가 둘일 때만, 다수결은 강력한 결론 장치가 된다. 그때는 과반이 반드시 존재한다. 하지만 선택지가 셋 이상으로 늘어나면, 과반이 반드시 존재한다는 보장은 사라진다. 그 순간부터 사회는 더 이상 "가장 많은 사람이 원하는 것"을 곧바로 선택하지 못한다.

그리고 여기서 중요한 것은, 이 현상이 우연이 아니라 구조라는 점이다. A가 40%, B가 35%, C가 25%라면 A가 가장 많다. 하지만 과반은 없다. 과반이 없으면 결론은 '1등'이 아니라 '연합'으로 만들어진다. 그래서 C의 힘이 커진다. C는 25%밖에 없지만, A와 손을 잡으면 A가 과반을 넘고, B와 손을 잡으면 B가 과반을 넘는다.

이 구조는 정치에서도 그대로 나타난다. 3자 구도의 선거가 그렇

가위바위보- 소수가 다수를 이긴다

다. 사람들은 이런 상황을 보며 종종 말한다.

"정책은 별로인데도, 왜 저 집단이 저렇게 큰 힘을 가지지?"

하지만 그 힘은 그들이 특별히 훌륭해서 생긴 것이 아니라, 선택지가 셋 이상일 때 과반이 사라지는 구조가 만들어낸 결과다.

다수결은 공정한 절차일 수 있지만, 그 조건이 깨지는 순간 결론은 필연적으로 연합의 기술에 의해 좌우된다.

4. "결정"은 공정함이 아니라 구조의 문제다

결정이 늦어지면 우리는 사람을 탓한다. 하지만 결정은 사람의 성격보다 구조에 의해 좌우된다. 선택지가 어떻게 구성되어 있는지, 무승부가 어떤 규칙으로 처리되는지, 결정의 기한이 존재하는지, 책임이 어디에 붙어 있는지, 이 요소들이 사람들이 무엇을 생각하느냐보다 먼저, 사람들이 어떻게 움직이게 되는가를 결정한다. 결국 결정은 "선택"의 문제가 아니라 "구조"의 문제다. 어떤 구조는 평범한 사람들로도 결론이 난다. 의견이 엇갈려도, 갈등이 생겨도, 시간이 지나면 자연스럽게 하나로 수렴한다. 반대로 어떤 구조는 뛰어난 사람들만 모아놔도 끝없이 표류한다. 결정을 내리기 위한 비용이 너무 크고, 무승부가 너무 쉽게 반복되며, 책임이 분산되어 있기 때문이다.

그리고 표류가 길어지면 변화는 단순히 "느림"에서 끝나지 않는다. 시간이 길어질수록 사람들은 지치고 흩어진다. 반면 일부는 더 단단하게 묶인다. 결국 무승부가 길어지는 구조는 '결정을 못 내리는 구조'가 아니라, 결론을 내기 위해 결집한 소수가 나타날 수밖에 없는 구조가 된다.

누군가가 특별히 더 똑똑해서가 아니라, 다수는 각자 합리적으로 움직이고, 소수는 손실을 나누며 먼저 결집하기 때문이다.

이제 다음 장에서, 우리는 이 구조를 가장 단순한 룰 위에 올려볼 것이다.

가장 공정하다고 믿어지는 게임으로.

가위바위보로.

2장

가위바위보는
너무 단순해서
강력하다

부제: 왜 다수는 소수에게 지는가를 '룰'로 보는 법

"왜 다수는 소수에게 지는가?"

나는 필웨이를 창업한 초창기부터 부사장으로 일했다. 그때의 부사장은 직함이라기보다, 창업자가 맡아야 하는 역할의 일부였다. 회사를 만들었고, 방향을 정했다. 그래서 조직을 바라보는 시선도 자연스럽게 대표의 시선이었다. 회사는 숫자와 결과로 보였다. 조직이 어떻게 움직이는지보다, 무엇이 나왔는지가 더 중요했다.

그런데 매각 이후 약 1년 동안은 같은 "부사장"이라는 말이 전혀 다른 의미가 되었다. 나는 인수인계를 책임지는 사람으로서, 조직의 내부에 들어가 있었다. 보고서로 보던 회사가 아니라, 회의실에서 결정이 흐려지고 사무실에서 관계가 굳어지는 순간들을 직접 보게 됐다.

그때 처음으로 느꼈다. 회사라는 것은 일의 논리만으로 굴러가지 않는다는 것을. 표면적으로는 합리적인 말이 오가지만, 내부에서는 전혀 다른 힘이 결론을 움직이고 있었다. 그리고 그 힘은 종종 다수보다, 결집한 소수에게 더 유리하게 작동했다.

그때 한 부서가 있었다. 서비스 기획을 담당하는 팀이었다. 과거의 필웨이를 분석해 새로운 방향을 제시하는 역할을 맡고 있었고, 회사에서도 꽤 힘을 실어주던 팀이었다.

실력 있는 직원들을 헤드헌팅으로 뽑았고, 그들은 실제로 열심히 일했다. 성과도 있었다. 내가 이상하다고 느낀 것은, 그 팀이 어떤 방식으로 결정을 내리는가였다.

팀은 일곱 명 정도였다. 시간이 지나면서 분위기가 조금씩 굳어지는 게 보였다. 특정 세 명이 늘 회의의 중심에 있었다. 나머지 사람들은 자연스럽게 주변으로 밀려나는 듯했다. 팀의 방향도 대부분 그 세 명의 의견을 중심으로 정리됐다. 다른 구성원들도 의견을 내긴 했지만, 결론은 늘 비슷한 방식으로 나왔다.

흥미로웠던 건, 그 세 명이 항상 숫자로 우위에 있었던 것도 아니라는 점이었다. 어느 순간부터는 그들을 제외한 인원이 더 많아졌다. 숫자만 보면 다수가 바뀐 셈이었다. 그런데도 결정의 흐름은 크게 달라지지 않았다. 마치 "몇 명인가"보다 "어떻게 움직이는가"가 더 중요해 보였다.

처음에는 나도 흔한 설명을 떠올렸다. 그들이 더 일을 잘해서 그랬던 걸까. 리더십이 있었던 걸까. 아니면 나머지 사람들이 소극적이었던 걸까. 그렇게 생각하면 설명은 편했다.

하지만 시간이 지날수록, 그 해석만으로는 부족하다는 느낌이 들었다. 능력이나 성격만으로 설명되지 않는 힘이 있었다. 무언가 구조적인 힘.

그러다 나중에 알게 된 사실이 하나 있었다. 그 세 명이 가족이라는 것이었다. 그 사실은 누군가가 나쁘다거나 부당하다는 의미가 아니었다. 오히려 내가 보고 있던 현상을 이해할 수 있는 단서였다.

가족은 쉽게 흩어지지 않는다. 서로를 믿고, 같은 방향을 보고, 중요한 순간에 함께 움직인다. 그때 깨달았다. 이건 "누가 더 똑똑한가"의 문제가 아니었다. 누가 더 결속돼 있는가의 문제였다. 세 명은 세 명이 아니라, 하나의 팀처럼 움직이고 있었다. 반대로 나머지 네 명은 같은 숫자여도 흩어져 있었다. 그리고 그 차이가, 숫자 이상의 힘을 만들고 있었다.

그때부터 질문이 바뀌었다. 세 명이 어떻게 네 명을 이길 수 있지? 왜 다수는 소수에게 지는가? 그리고 이 구조는 왜 이렇게 자주 반복되는가? 그걸 설명할 수 있는 방식은 없을까. 복잡한 조직 이야기가 아니라, 더 단순한 규칙으로. 누구나 이해할 수 있는 룰로. 그리고 설득할 수 있는 방식으로. 그때 떠오른 것이 있었다. 아주 단순한 게임.

가위바위보였다.

1. 버리는 방식과 선택하는 방식

이 구조를 가장 단순한 형태로 보고 싶었다. 복잡한 회의와 이해 관계를 모두 걷어내고, 오직 룰만 남겨놓고 싶었다.

그때 떠오른 장면이 하나 있었다. 예능 프로그램 '1박2일'의 가위바위보 장면이었다. 여섯 명이 섬에 도착했고, 한 명은 섬에 남아야 했다.

규칙은 간단했다. 여섯 명이 동시에 가위·바위·보를 낸다. 승부가 나면 진 쪽의 한 명이 남는다. 무승부면 다시 한다.

아무 작전 없이 하면, 누구든 섬에 남을 확률은 1/6이다. 가위바위보는 이 점에서 정말 공정해 보인다. 신분도, 능력도, 관계도 개입하지 않는다.

그런데 그날, 멤버들은 A를 섬에 남기기로 마음먹었다. 그리고 그 순간부터 게임은 개인전이 아니라 팀전이 되었다. A를 제외한 다섯 명은 서로 눈빛을 주고받았다. 말하지 않아도 이미 합의가 된 것처럼 손을 맞췄다. A는 혼자였다. 룰은 그대로였지만, 판이 바뀌었다.

여기서 중요한 건, 다섯 명이 특별히 나쁘거나 교활해서가 아니라는 점이다. 이기고 싶으면 사람은 자연스럽게 손을 잡는다. 가위바위보는 그걸 막을 장치를 갖고 있지 않다. 그래서 연합이 만들어지는 순간, 공정한 룰은 더 이상 공정한 결과를 보장하지 않는다.

이 장면을 조금 더 정확히 말하면 이렇다. 다섯 명이 같은 패를 내기로 맞추는 순간, 승부가 나는 판에서 A가 지는 확률은 1/2에 수렴한다. 무승부를 제외하고, 승부가 나는 경우만 보면 그렇다.

룰은 그대로이고 구조만 바뀌었을 뿐인데, 확률은 세배로 뛰었다. 이건 "운이 나빠서" 생긴 결과가 아니다. 연합이 만들어낸 결과다.

하지만 이 장면에는 한계가 있다. 이 게임은 '버리는 방식'이다. 누가 1등을 하느냐가 아니라, 누가 꼴찌가 되느냐를 정하는 게임이다.

현실의 결정은 조금 다르다. 정치는 사람을 버리기보다 방향을 고른다. 회사는 누군가를 떨어뜨리기보다, 자원을 배분하고 우선순위를 정한다. 그래서 나는 가위바위보를 다른 방식으로 바꿔보기로 했다.

2. 이제는 선택의 게임이다

이번에는 이렇게 상상해보자. 여섯 명이 서 있다. 제작진이 말한다.

"오늘은 가위바위보로 1등을 뽑겠습니다.", "1등에게는 하루 용돈 100만 원을 몰아주겠습니다."

이 100만 원은 단순한 돈이 아니다. 이 게임에서 100만 원은 곧 의사 결정권이다. 어디를 갈지, 무엇을 먹을지, 누구의 말이 채택될지. 즉, 이건 돈 게임이 아니라 결정권을 배분하는 게임이다.

룰은 단순하다. 동시에 가위·바위·보를 낸다. 무승부면 다시 한다. 승부가 나면 진 쪽은 전원 탈락, 마지막 한 명이 100만 원을 가져간다. 가위바위보 서바이벌이다.

아무 작전 없이 하면, 각자가 1등을 할 확률은 1/6이다. 공정하다. 시작점은 동일하다.

그런데 이 게임에서 사람들은 아주 자연스러운 선택을 한다.

"우리끼리 같이 하자."

"우리 중 한 명이 1등 하면 같이 쓰자."

이 말은 악의가 아니며, 본능이다. 승자가 모든 것을 가져가는 게임에서, 사람은 혼자보다 함께 살아남는 길을 만든다.

세 명이 연합했다고 해보자. 그들은 이렇게 합의한다.

"우리 셋 중 누가 이겨도 상관없다.", "한 명만 살아남으면 된다."

이 합의가 만들어지는 순간, 게임의 성격은 완전히 바뀐다. 여전히 3 대 3이다. 하지만 한쪽은 결집했고, 다른 쪽은 흩어져 있다.

이제 질문은 이것이다. 세 명이 결집했을 때, 이 게임을 거의 확실하게 이길 수 있는 방법은 있는가?

대부분은 이렇게 생각한다. 가위바위보는 운 아니냐고. 하지만 이 게임에서 중요한 건 운이 아니라 탈락 규칙이다. 승부가 나는 순간, 진 손을 낸 쪽은 "한 명"이 아니라 "전원"이 탈락한다. 즉, 이 게임에서 패배는 점수가 깎이는 정도가 아니라 존재가 사라지는 사건이다.

이건 개인전보다 훨씬 냉정한 게임이다. 그리고 이런 게임에서는 질문이 바뀐다.

개인전은 이렇게 묻는다. "어떻게 하면 이길까?"

서바이벌은 이렇게 묻는다. "어떻게 하면 한 번에 무너지지 않을까?"

이 차이를 이해하면, 다음 문장이 이상하지 않게 된다. 연합의 핵심은 협력이 아니라 "손실을 통제하는 방식"이다.

3. 정답은 "한 명을 버리는 것"이다

정답은 의외로 단순하고, 그 단순함은 우리를 불편하게 한다. 연합의 핵심 기술은 협력이 아니라 손실의 배분이다.

세 명이 연합했다면, 그들이 해야 할 일은 이것이다. 언제나 한 명은 지는 패를 낸다.

이 전략은 처음 들으면 이상하다. 연합이라면 서로를 살리는 방식이어야 할 것 같기 때문이다. 하지만 이 게임은 집단 생존 게임이다. 중요한 건 내가 이기는 게 아니라, 우리 중 누가 살아남느냐다.

가위바위보 서바이벌에서는 승부가 나는 순간, 진 쪽이 전원 탈락한다. 이 구조에서는, 연합 내부에서 손실을 통제하는 쪽이 압도적으로 유리해진다. 연합은 매 판 손실을 최소화한다. 상대는 손실을 통제하지 못한다. 그래서 확률은 기울어진다.

여기서 중요한 오해를 하나 제거하자. "한 명을 버리는 것"은 배신이 아니라 합의다. 누군가가 계속 희생만 한다면 그건 연합이 아니다. 연합은 희생을 번갈아 맡는 구조다. 오늘은 내가 지고, 내일은 네가 지는 방식. 개인의 패배를 집단의 생존으로 바꾸는 방식.

그래서 이 전략은 도덕 문제가 아니라 구조 문제다. 누가 착하냐가 아니라, 누가 손실을 나눌 수 있느냐의 문제다.

이제 다음 질문이 남는다. 이 전략은 실제로 얼마나 강한가? 연합이 네 명이면? 다섯 명이면?

그리고 무엇보다 중요한 질문. 왜 이 전략은 어떤 판에서는 별로 힘을 못 쓰다가, 어떤 판에서는 거의 "치트키"처럼 강해지는가?

이제부터는 감이 아니라 숫자의 영역이다. 다음 장에서는 이 게임을 확률로 해부해보자.

가위바위보처럼 단순한 룰이 얼마나 비대칭적인 결과를 만들어내는지 확인하게 될 것이다.

4. 그런데 왜 우리는
이 전략을 잘 떠올리지 못할까

여기서 독자가 한 번 멈춘다.

"그렇게 단순한데, 왜 나는 지금까지 이런 생각을 못 했지?"

우리는 대부분의 게임을 개인전으로 배웠다.

학교에서 배운 것은 "내 점수"였고, 회사에서 배운 것은 "내 평가"였고, 사회에서 배운 것은 "내 책임"이었다.

개인전에서는 패배가 곧 개인의 실패다. 그래서 패배를 설계하는 것은 금기처럼 느껴진다. 하지만 서바이벌에서는 다르다. 서바이벌에서는 패배가 시스템의 일부다.

어떤 판에서는 일부가 매 라운드 탈락하는 것이 정상이다. 그런 판에서는 "패배하지 않는 법"보다 "패배를 어떻게 분산할지"가 더 중요해진다.

그런데 우리는 이런 교육을 거의 받지 못한다. 우리는 늘 승리의 기술을 배웠지, 손실의 기술을 배우지 않았다. 그래서 "지는 손을 맡는 것"이 비겁하게 들린다. 하지만 비겁함이 아니라, 룰에 맞춘 최적화다. 이건 사람의 성격 문제가 아니다. 프레임 문제다.

개인전 프레임을 들고 서바이벌에 들어가면, 똑똑해도 이상한 선택을 하게 된다. 반대로 집단전 프레임을 가진 사람은 "지는 손"을 부끄러워하지 않는다. 그건 역할이고, 보험료이고, 팀의 생존 비용이기 때문이다.

5. 연합은 '선의'가 아니라 '보험'이다

연합을 보면 사람들은 도덕부터 판단한다.

"저건 담합 아니야?", "짜고 치네.", "공정하지 않잖아."

그 감정은 이해할 수 있다. 하지만 이 책은 연합을 도덕으로 설명하지 않는다. 연합은 선의가 아니며, 오히려 보험에 가깝다.

보험의 본질은 한 문장이다. 큰 손실을 혼자 떠안지 않기 위해, 작은 비용을 나눠 내는 것.

여기까지는 방어다. 하지만 보험이 무서운 이유는 방어에서 끝나지 않기 때문이다. 보험은 단지 "덜 다치는 장치"가 아니다. 보험은 움직일 수 있게 만드는 장치다.

혼자라면 못 하는 선택이 있다. 한 번의 실패가 치명적이면, 사람은 움직이지 못한다. 모험도 못 하고, 먼저도 못 가고, 튀는 선택도 못 한다.

하지만 손실이 분산되는 순간, 같은 사람이 갑자기 달라진다. "한 번 지면 끝"이 아니면, 우리는 더 멀리 베팅할 수 있다.

연합은 바로 이 능력을 만든다. 연합이 손실을 나누는 이유는 단지 안전해지기 위해서가 아니라, 그 안전을 담보로 먼저 움직이기 위해서다.

가위바위보 서바이벌에서 이게 가장 적나라하게 드러난다. 연합은 매 라운드의 패배를 '전원 탈락'이 아니라 '한 명 손실'로 쪼갠다. 그 순간 연합은 단순히 덜 지는 집단이 아니라, 결정 라운드에서 이길 조건을 가진 집단이 된다.

그러니까 연합의 핵심은 "손실을 줄인다"가 아니다. 연합의 핵심은 손실을 통제하는 쪽이, 승리의 조건까지 통제하게 된다는 것이다.

보험은 개인을 약하게 만들 수 있다. 하지만 집단을 강하게 만든다. 개인은 보험 덕분에 위험을 감수할 수 있고, 집단은 그 위험 감수로 기회를 선점할 수 있다.

반대로 흩어진 다수는 위험을 감수하기 어렵다. 실수 한 번의 비용이 개인에게 붙기 때문이다. 그래서 다수는 확인을 기다리고, 안전을 찾고, 늦게 모인다.

이 차이가 "왜 다수는 소수에게 지는가"를 만든다. 소수는 더 착해서가 아니라, 손실을 나눌 수 있어서 먼저 움직인다. 그리고 그 '먼저'가, 이 게임에서는 거의 항상 결론을 가져간다.

6. 다음 장으로:
이 전략이 무서워지는 조건은 '반복'이다

여기서 마지막으로 한 가지를 더 붙여야 한다. 손실 분담 전략은 언제나 강력한가?

아니다.

결정이 빠른 판에서는 전략이 끼어들 틈이 없다. 문제가 되는 건 이런 판이다. 무승부가 자주 나고, 결론이 자주 미뤄지고, 다시 하자, 다시 논의하자, 다음 회의로 넘기자가 반복되는 판. 이런 판에서는 개인이 지친다. 하지만 합의된 규칙은 지치지 않는다.

그래서 손실 분담 전략의 진짜 힘은 "한 번"이 아니라 "반복"에서 나온다. 즉, 이 전략이 무서워지는 조건은 사람의 악의가 아니라 환경이다. 그 환경을 만드는 핵심은 하나다.

무승부 확률.

참여자가 많아질수록, 승부가 나지 않는 판이 늘어난다. 승부가 나지 않으면, 게임은 길어진다. 게임이 길어지면, 작전이 들어온다.

다음 장에서는 이걸 숫자로 확인할 것이다. 가위바위보 서바이벌이 왜 참가자가 많아질수록 '빨리 끝나는 게임'이 아니라 '끝나기 어려운 게임'이 되는지. 그리고 그 환경이 왜 손실 분담 전략을 거의 확정 수준으로 강하게 만드는지.

이제부터는 감이 아니라 확률이다.

3장으로 가자.

서바이벌 게임 규칙과
무승부 확률

부제: 손실 분담 전략이 강해지는 환경

앞 장에서 우리는 "정답"을 하나 확인했다. 연합은 이기기 위해 더 똑똑한 전략을 발명하는 것이 아니라, 지지 않기 위해 손실을 통제하는 구조를 만든다는 것이다. 그 구조는 놀랍도록 단순한 한 문장으로 정리된다.

"우리 중 한 명은 항상 지는 손을 낸다."

이 문장이 불편한 이유는 우리가 게임을 개인전으로만 배워왔기 때문이다. 개인전에서 '지는 손'은 실패이지만, 집단전에서 '지는 손'은 손실을 배분하는 장치가 된다.

여기서 한 가지 질문이 남는다. 왜 이 전략은 유난히 강력해지는가?

많은 사람은 가위바위보를 "운"이라고 생각한다. 그런데 정말 운이라면, 어떤 작전도 그렇게 큰 차이를 만들지 못한다.

연합이 강해지는 이유는 운이 아니라 환경에 있다. 그 환경의 핵심은 의외로 간단하다. 참가자가 많아질수록 게임이 잘 끝나지 않는다. 무승부가 반복되고, 결정이 늦어진다. 그리고 결정이 늦어질수록 "작전"이라는 개입이 더 큰 가치를 갖는다.

이 장에서는 그 환경을 먼저 숫자로 확인하고, 다음 장에서 그 위에 올라타는 연합의 메커니즘을 해부할 것이다.

1. 서바이벌 규칙:
탈락 구조

우리가 다루는 게임은 흔히 "가위바위보 서바이벌"이라고 불리는 방식이다. n명이 동시에 가위·바위·보 중 하나를 낸다.

결과는 세 가지 경우로 나뉜다. 전원이 같은 손을 내면 무승부다. 모두가 가위를 내면, 이긴 사람도 진 사람도 없으니, 아무도 탈락하지 않는다. 가위·바위·보 세 가지가 모두 등장해도 무승부다. 승패가 순환하므로 역시 탈락자가 없다. 승부가 나려면 세 가지 중 딱 두 가지만 나와야 한다. 예를 들어 가위와 바위만 나왔다면 바위가 이기고 가위가 진다.

여기까지는 우리가 아는 가위바위보다. 하지만 이 게임을 서바이벌로 만드는 규칙이 하나 더 있다. 이 게임은 '개인'이 아니라 '패자 전원'이 탈락한다. 가위를 낸 사람이 한 명이든 열 명이든, 그 손이 진 순간 그 손을 낸 사람은 전부 탈락한다. 남은 사람끼리 다시 같은 방식으로 진행한다. 최종적으로 한 명이 남을 때까지 반복한다.

이 규칙만 보면 게임이 빨리 끝날 것처럼 느껴진다. 한 번 승부가 나면 여러 명이 동시에 탈락할 수 있기 때문이다. 하지만 실제로는 자주 반대가 일어난다. 사람이 많아질수록 "승부가 나는 상황" 자체가 줄어들기 때문이다. 그리고 그 핵심은 무승부 처리 규칙에 있다.

무승부는 단순히 시간을 끄는 것이 아니라, 게임의 성격을 바꾸는 환경이 된다.

2. 탈락자 발생 확률 P(n)

이제 질문을 하나로 압축하자.

n명이 동시에 가위바위보를 했을 때, 한 번의 라운드에서 누군가가 실제로 탈락할 확률은 얼마인가?

이 확률을 P(n)이라고 하자. 승부가 나려면 조건이 있다. 가위·바위·보 중 딱 두 가지만 나와야 한다. 그리고 그 두 가지는 각각 최소 한 명 이상이 내야 한다.

예를 들어 "가위/바위만 나오는 경우"를 보자.

각 사람은 가위나 바위를 낼 확률이 2/3이다.

n명이 모두 그 둘 중 하나를 낼 확률은 $\left(\frac{2}{3}\right)^n$이다.

그런데 전원이 가위만 내거나, 전원이 바위만 내면 무승부다.

그 두 경우는 각각 $\left(\frac{1}{3}\right)^n$이므로 이를 두 번 빼야 한다.

그래서 "가위/바위만 나오는 승부"의 확률은

$$\left(\frac{2}{3}\right)^n - 2\left(\frac{1}{3}\right)^n$$

가 된다.

이런 쌍은 (가위·바위), (바위·보), (보·가위) 총 3개다.

따라서 최종적으로

$$P(n) = 3\left(\left(\frac{2}{3}\right)^n - 2\left(\frac{1}{3}\right)^n\right)$$

이 된다.

이 식이 중요한 이유는 계산이 예뻐서가 아니다. 이 식이 말해주는 현실이 중요하다.

n이 커질수록 $\left(\frac{2}{3}\right)^n$은 빠르게 작아진다.

즉 참가자가 많아질수록 "한 번에 결판이 날 확률"은 급격히 줄어든다.

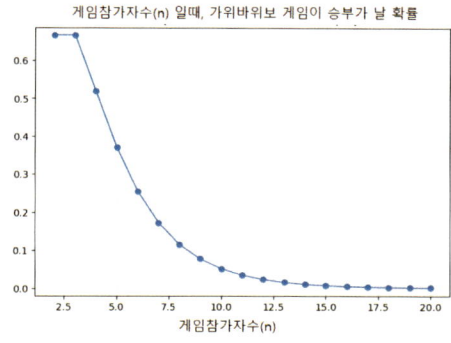

몇 개만 직접 보자.

n = 3,   P(3) ≈ 0.6667 (약 3번 중 2번 결판)

n = 4,   P(4) ≈ 0.5185 (약 2번 중 1번 결판)

n = 5,   P(5) ≈ 0.3704 (약 3번 중 1번 결판)

n = 6,   P(6) ≈ 0.2551 (약 4번 중 1번 결판)

n = 7,   P(7) ≈ 0.1728 (약 6번 중 1번 결판)

n = 8,   P(8) ≈ 0.1161 (약 9번 중 1번 결판)

n = 9,   P(9) ≈ 0.0777 (약 13번 중 1번 결판)

n = 10,   P(10) ≈ 0.0519 (약 19~20번 중 1번 결판)

n = 20,   P(20) ≈ 0.000902 (약 1108번 중 1번 결판)

n = 50,   P(50) ≈ 4.70×10^{-9} (약 2억 1천만 번 중 1번 결판)

여기서 핵심은 하나다. 참가자가 많아질수록 이 게임은 "빨리 끝나는 게임"이 아니라 "끝나기 어려운 게임"이 된다.

그리고 게임이 끝나기 어려워질수록, 게임의 본질은 운이 아니라 반복을 견디는 방식으로 바뀐다.

1] 이 숫자가 말하는 '감각'의 변화

이제 이 숫자를 체감으로 번역해보자.

n=3이면, 두세 번 하면 한 번쯤은 누군가가 떨어진다. 그래서 우리는 이 게임을 "가볍게" 느낀다. 운이다. 금방 끝난다.

그런데 n=10이 되는 순간, 게임의 표정이 바뀐다. 평균적으로 20번 가까이 "아무 일도 안 일어나는 라운드"가 이어진다.

n=20이면, '결판'은 천 번에 한 번이다. 여기서부터 게임은 사실상 다른 게임이 된다.

사람은 기다릴수록 지친다. 지칠수록 룰을 잘 지키지 않는다. 룰을 잘 지키지 않을수록, 누군가는 룰을 "이용"할 수 있다.

즉, 무승부가 늘어나는 순간부터 게임은 공정한 개인전의 직감으로는 설명되지 않는다. 그때부터 중요한 것은 "무엇을 내느냐"가 아니라, 얼마나 오래 같은 방식으로 낼 수 있느냐가 된다.

3. 반복이 길어질수록
작전이 유리해진다

우리는 무승부를 보통 이렇게 받아들인다. "결정이 나지 않았으니 다시 하면 된다." 하지만 반복되는 무승부는 단순한 재시도가 아니다. 반복은 환경을 바꾸고, 환경이 바뀌면 전략의 가치도 바뀐다.

무승부가 한두 번 나오는 게임에서는 작전이 큰 의미를 갖지 않는다. 어차피 몇 번 하다 보면 누군가가 이길 테니까.

하지만 결판이 날 확률 자체가 낮아져서 수십 번, 수백 번을 반복해야 하는 상황이 되면 이야기가 달라진다. 반복이 길어질수록 사람은 집중력을 잃는다. 귀찮아지고, 대충 내고, 주변을 살핀다.

"이제 그냥 아무거나 내자." 이런 분위기가 생긴다.

아이러니하게도 이 순간, 게임은 점점 더 개인전으로 돌아간다. 각자 살아남기 위해 각자 내기 시작한다. 그리고 바로 이때 작전은 더 강해진다. 작전은 사람의 집중력이 아니라, 합의된 규칙 위에서 돌아가기 때문이다.

여기서 우리는 손실 분담 전략의 위치를 다시 보게 된다. 손실 분담 전략의 힘은 "우리가 한편이다"라는 감정에서만 나오지 않는다. 그 힘은 반복이 길어질수록 더 커지는 지속성에서 나온다.

개인은 지치지만, 연합은 합의를 유지한다. 개인은 매번 새로 판단하지만, 연합은 한 번 정한 규칙을 계속 반복한다.

그리고 이 차이는 결판 라운드가 얼마나 드물게 등장하느냐에 따라 더 크게 벌어진다. 결판이 드물다는 것은, 결판이 나는 순간이 더 중요하다는 뜻이다. 결판이 드물수록 '결판의 순간'을 설계할 수 있는 쪽이 유리해진다. 한 번의 결판이 사실상 게임 전체를 좌우하기 때문이다.

따라서 결판의 순간에 손실을 통제할 수 있는 집단이 유리해진다. 손실 분담 전략은 바로 그 순간을 위해 존재한다.

4. 이 구조는 사회에서도 그대로 반복된다

이 구조는 사회에서도 그대로 반복된다. 결정이 빠르게 내려지는 환경에서는 개인의 역량이나 발언이 비교적 잘 반영된다. 하지만 결정이 지연되고, 결론이 계속 미뤄지는 환경에서는 양상이 달라진다. 시간이 길어질수록 사람들은 피로해지고, 타협을 선택하고, 빨리 끝내고 싶어 한다.

그 순간, 끝을 낼 수 있는 사람이 권력을 갖는다. 결국 "지루함"은 단지 감정이 아니라 권력의 조건이 된다.

5. 이 장의 결론

이 장이 말하려는 핵심은 여기까지다.

가위바위보 서바이벌은 공정한 룰처럼 보이지만, 참가자가 많아질수록 무승부를 반복하는 구조를 갖는다. 그 반복 구조는 작전과 연합의 가치를 비정상적으로 키운다. 그러니까 이 게임에서 중요한 것은 "누가 운이 좋은가"가 아니라 "누가 반복을 견딜 수 있는 구조를 갖고 있는가"다.

참여자가 많아질수록 결판이 나는 확률은 급격히 낮아진다. 게임은 반복되고, 반복은 사람을 지치게 만든다.

그 순간 공정한 개인전의 직감은 무너지고, 조직된 작전이 강해진다.

즉 이 게임의 결과를 지배하는 것은 운이 아니라 구조다.

그리고 다음 장에서 우리는 그 구조 위에 올라타는 연합의 메커니즘, 즉 손실 분담 전략을 본격적으로 다룰 것이다.

연합의 힘은 항상 크게 이기는 데서 나오지 않는다.

항상 크게 지지 않는 데서 나온다.

가위바위보- 소수가 다수를 이긴다

4장

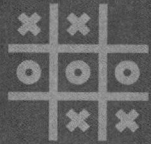

가족 전략:
소수의 다수 지배 메커니즘

부제: 손실 분담 전략의 가장 순수한 형태

3장에서 우리는 무승부가 단지 지연이 아니라, 구조를 바꾸는 환경 이라는 사실을 확인했다. 참여자가 많아질수록 결판은 더 드물어지고, 게임은 반복된다.

반복이 길어질수록 개인들은 지치고 느슨해진다. 결국 더 즉흥적으로 반응한다. 반대로 연합은 한 번 합의한 규칙을 그대로 반복한다. 개인은 피로해지지만, 규칙은 피로해지지 않는다. 그래서 무승부가 많아질수록 연합은 더 강해진다. 이 게임을 지배하는 것은 운이 아니라 구조다.

이제부터는 그 구조 위에서 연합이 실제로 어떻게 확률을 뒤집는지 보겠다. 여기서 중요한 것은 "연합이 승률을 올린다"는 말이 아니다.

연합이 하는 일은 훨씬 더 구체적이다. 연합은 승리를 설계하는 것이 아니라 손실을 통제한다.

개인전은 이렇게 묻는다. "어떻게 하면 이길까?"

집단전은 이렇게 묻는다. "어떻게 하면 크게 지지 않을까?"

이 질문이 비겁하게 들릴 수도 있다. 하지만 서바이벌에서는 이 질문이 가장 현실적이다. 이 게임에서 패배는 개인의 패배가 아니다. 패한 손을 낸 사람은 집단으로 탈락한다. 그래서 가장 강력한 개입은 승리 확률을 올리는 것이 아니다. 패배의 비용을 낮추는 것이다.

이 장에서 말하는 "가족 전략"은 혈연을 뜻하지 않는다. 2장에서 말한 손실 분담 전략이 가장 순수한 형태로 구현된 모형이다. 회사라면 같은 부서일 수 있다. 정치라면 같은 당일 수 있다. 시장이라면 같은 이해관계를 가진 그룹일 수 있다. 중요한 것은 혈연이 아니라 결속이다.

서로가 서로를 배신하지 않는다는 전제. 개인의 승리를 집단의 승리로 환원한다는 합의. 이 합의가 만들어지는 순간, 그 집단은 더 이상 "몇 명"이 아니다. 하나의 덩어리가 된다. 그리고 덩어리는 조각보다 강하다.

이 장은 가장 단순한 경우부터 시작한다. 가족이 m명이고 비가족이 1명인 경우다.

이 경우에는 놀랍게도 아주 간단한 닫힌식이 나온다. 상대가 이기려면 가족을 연속으로 m번 이겨야 한다.

그 확률은 $\left(\frac{1}{2}\right)^m$이다.

따라서 가족이 이길 확률은 $1 - \left(\frac{1}{2}\right)^m$ 이다.

계산은 간단하다. 하지만 결과는 절대 단순하지 않다.

공정한 룰 안에서, 단순한 합의만으로 확률이 "확정" 수준으로 기울 수 있다. 이제 그 메커니즘을 꺼내보자.

그리고 시작하기 전에, 독자가 가장 먼저 떠올릴 반론을 먼저 적어 두겠다.

"그래도 결국은 운 아닌가?"

"가족이 불운하면 연속으로 질 수도 있잖아?"

맞다. 이 게임은 운의 요소를 가진다. 하지만 가족 전략이 무서운 이유는 운을 없애서가 아니다. 가족 전략은 운을 '통과해야 하는 문'으로 바꾼다. 상대가 이기려면, 운이 한 번이 아니라 연속으로 따라야 한다.

우리는 '연속'의 확률을 직관적으로 과소평가한다. 그래서 이 구조는 계산으로 확인하기 전에는 잘 보이지 않는다.

1. 비가족 1명인 경우(닫힌식)

상대가 이기려면 m번 연속으로 이겨야 한다. 가족 전략의 힘을 가장 직관적으로 볼 수 있는 경우는 비가족이 1명뿐인 상황이다. 가족이 m명, 비가족이 1명이라고 하자. 총인원은 n=m+1이다. 겉으로 보기에는 여전히 공정한 게임이다. 누구나 가위·바위·보를 낼 수 있다. 누구에게도 특권은 없다.

그런데 가족이 단 한 가지 합의만 해도 판이 바뀐다. 룰은 그대로인데 구조가 바뀐다.

가족의 합의는 단순하다. 가족 m명 중 m-1명은 같은 손 A를 낸다.

그리고 1명은 그 손 A에게 지는 손 B를 낸다. 즉 가족은 매 라운드마다 "지는 손"을 딱 한 명이 맡는다.

예를 들어 가족이 4명이라면 이렇게 낸다. 3명은 바위(A), 1명은 가위(B).

이제 비가족이 낼 수 있는 손은 세 가지다.

비가족의 손을 X라고 하자. 결과는 다음 세 줄로 정리된다.

① X = A → 가족의 B 한 명만 탈락한다.

② X = B → 비가족이 즉시 탈락한다.

③ X = C(A도 B도 아닌 나머지 손) → 세 가지가 모두 나와 무승부다.

여기서 핵심은 "패배의 비용"이다. 가족은 져도 항상 1명만 잃는다. 비가족은 한 번 지면 끝이다. 탈락이 개인이 아니라 '존재의 종료'가 된다.

이제 계산을 단순하게 만들기 위해 "결정 라운드"만 따로 보자. 결정 라운드란 무승부가 아닌 라운드, 즉 누군가가 실제로 탈락하는 라운드다.

무승부는 게임을 길게 만들 뿐, 상태를 바꾸지 않는다. 그래서 최종 승패 확률은 "결정 라운드에서 무엇이 연속으로 일어나느냐"로 정리할 수 있다.

결정 라운드에서 비가족이 할 수 있는 선택은 사실상 두 가지다.

X=A를 내거나, X=B를 내는 경우다.

그리고 이 둘은 조건부로 정확히 반반이다. 결정 라운드라는 조건 아래에서는 X가 A일 확률과 B일 확률이 동일하다. 즉, 결정 라운드에서는 매번 이런 일이 일어난다. 50% 확률로 가족이 1명 줄어들고, 50% 확률로 비가족이 즉시 탈락한다.

여기서 가족이 한 명 줄어들면 어떻게 될까. 가족은 같은 형태의 합의를 그대로 유지한다.

남은 가족 m-1명 중 다시 m-2명은 A를 내고, 1명은 B를 내며 손실을 1명으로 고정한다. 따라서 가족이 완전히 패배하려면 조건이 하나뿐이다. 결정 라운드에서 가족이 탈락하는 사건이 m번 연속 일어나야 한다.

그 확률은 다음과 같다.

비가족 승리 확률 : $\left(\dfrac{1}{2}\right)^m$

가족 승리 확률 : $P(m) = 1 - \left(\dfrac{1}{2}\right)^m$

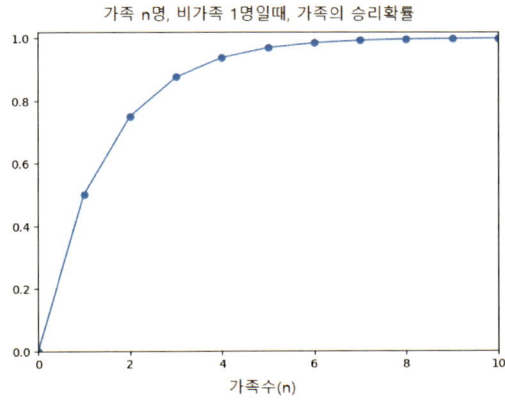

가족 n명, 비가족 1명일때, 가족의 승리확률

몇 개만 보면 충격이 더 분명해진다.

m=4(가족4명)

비가족 승리 확률 $= \left(\frac{1}{2}\right)^4 = \frac{1}{16} = 0.0625$

가족 승리 확률 $= \frac{15}{16} = 0.9375$

m=5

비가족 $= \frac{1}{32} = 0.03125$

가족 $= \frac{31}{32} = 0.96875$

m=6

비가족 $= \frac{1}{64} = 0.015625$

가족 $= \frac{63}{64} = 0.984375$

m=10

비가족 $= \frac{1}{1024} \approx 0.0009765625$

가족 $= \frac{1023}{1024} \approx 0.9990234375$

여기서 독자가 체감해야 하는 건 숫자의 크기보다 조건의 모양이다. 비가족이 이기려면 "한 번만" 잘하면 되는 게 아니다. "운이 좋은 순간이 한 번" 오는 것도 부족하다. 운이 연속으로 따라야 한다. 그리고 연속 사건은 인간의 직관이 가장 취약한 영역이다.

우리는 한 번 지는 걸 크게 느끼고, 연속으로 지는 걸 "그럴 수도 있지"라고 지나친다. 하지만 수학은 그 "그럴 수도 있지"를 이렇게 번역한다. "그럴 수도 있지만, 거의 안 일어난다."

가족 전략의 힘은 여기서 나온다. 가족 전략은 상대에게 "운이 좋은 순간"이 아니라 연속된 운을 요구한다. 그래서 공정한 룰 안에서 결과가 거의 고정된다. 운이 아니라 구조가 확률을 지배한다.

1) 왜 이게 '부정행위'처럼 보이는가

여기까지 오면 독자는 이렇게 말하고 싶어진다.

"이건 너무 반칙 아닌가?"

"애초에 같은 게임을 하는 게 아니잖아."

하지만 이건 룰을 어긴 게 아니다. 룰은 여전히 동일하다.

가족이 바꾼 것은 룰이 아니라 패배의 단위다. 비가족에게 패배는 "탈락"이다. 가족에게 패배는 "감소"다.

비가족은 한 번의 실수가 곧 게임오버다. 가족은 한 번의 실수가

'한 칸 감소'로 바뀐다. 즉 같은 게임을 하고 있지만, 한쪽은 '목숨이 하나'이고 한쪽은 '목숨이 m개'인 것처럼 된다.

이게 불공정해 보이는 이유는 자연스럽다. 우리는 게임이 공정해지려면 모두가 같은 조건이어야 한다고 믿기 때문이다.

그런데 현실의 집단전에서는 애초에 조건이 같지 않다. 결속은 보이지 않는 자산이다. 보이지 않기 때문에 더 자주 "운"이나 "능력"으로 오해된다. 가족 전략은 그 보이지 않는 자산이 어떻게 확률을 바꾸는지 가장 노골적으로 보여주는 형태다.

2) 가족 전략에도 비용이 있다

누군가는 계속 '지는 손'을 맡아야 한다.

가족 전략이 마치 공짜 힘처럼 보일 수도 있다. 하지만 이 전략은 내부 비용을 갖는다. 매 라운드마다 누군가는 지는 손을 맡아야 한다. 그 역할은 반복될수록 피로를 만든다.

"왜 맨날 내가 져야 해?"

"이번엔 네가 져."

"아니, 난 지난번에 했잖아."

이 문장들은 도덕의 문제가 아니라 구조의 문제다.

가족 전략은 결속을 전제로 한다. 그 결속은 그냥 "사이좋음"이 아니라 희생 순서를 받아들이는 규칙을 포함한다. 그래서 가족 전략이 유지되려면 두 가지가 필요하다. 내부에서 희생을 분배할 기준(순번, 역할, 보상)이 있어야 한다. 외부와의 게임에서 얻는 이득이 내부 비용을 압도해야 한다.

즉 가족 전략은 단순히 "뭉치면 된다"가 아니다. 뭉치는 비용을 지불하고도 남는 구조가 있을 때만 지속된다.

이건 사회에서도 똑같다. 연합이 유지되는 이유는 선의가 아니라 계산이다.

2. 비가족이 여러 명일 때
부제: 연합은 "이기는 법"이 아니라 "지는 법"을 지운다

현실의 사회는 4장의 1에서 설명한 것보다 복잡하다. 비가족은 1명이 아니라 여러 명이다. 그리고 그들은 보통 합의하지 않는다. 각자 손을 내고, 각자 살아남으려 한다.

이때부터 정확한 해를 한 줄로 쓰기는 어렵다. 상태를 (가족 수, 비가족 수)로 두고 재귀식으로 풀거나, 시뮬레이션으로 확인해야 한다.

재귀식은 대략 이런 형태가 된다.

가족이 m명, 비가족이 n명일 때 가족이 최종적으로 이길 확률을 P(m,n)이라 하자. 그러면 "승부가 나는 라운드만" 떼어놓고 보면, 다음과 같은 재귀식으로 정리할 수 있다.

$$P(m,n) = \frac{1}{2^n} \left(nC0 \left(P(m-1,n) \right) + nC1 \left(P(m-1,n-1) \right) \right.$$
$$\left. + nC2 \left(P(m-1,n-2) \right) + \cdots + nCn \left(P(m-1,0) \right) \right)$$

　　　　가위바위보- 소수가 다수를 이긴다

경계조건

$P(k,0)=1$ (비가족이 0명이면 승리(확률로는 1))

$P(0,k)=0$ (가족이 0명이면 패배(확률로는 0))

이 식의 의미는 이렇다.

m명과 n명이 동시에 가위바위보를 해 "승부가 나는 결과"만 보자. (예컨대 그 판에 등장한 손이 두 가지뿐인 경우다.) 그 결과가 {가위, 보}였다고 하자.

가족 쪽은 이미 전략이 고정돼 있다.

m-1명은 가위, 1명은 보를 낸다. 즉 가족은 그 판에서 반드시 한 명이 지는 손을 맡는다. 그래서 승부가 나는 순간, 가족은 항상 1명이 탈락하고 m-1명으로 줄어든다.

반면 비가족 n명은 그 판에서 가위 또는 보 중 하나를 각자 내게 된다. 그러니 비가족이 낼 수 있는 경우의 수는 총 2^n가지다.

이제 비가족 중 보를 낸 사람은 전부 지고 탈락한다. (가위가 이기니까.) 만약 비가족 가운데 k명이 보를 내서 탈락했다면, 살아남는 비가족은 n-k명이다. 그리고 그 이후의 게임은 (가족 m-1명, 비가족 n-k명) 상태에서 다시 시작된다.

비가족 n명 중에서 정확히 k명이 보를 내는 경우의 수는 nCk이다 (C는 조합, n개 중에 순서 없이 k개를 선택하는 경우의 수). 따라서 그 경우가 만들어내는 기여분은

$$\frac{1}{2^n} nCk \, P(m-1, n-k)$$

가 되고, 가능한 k는 0부터 n까지 모두 합쳐야 하므로, 위 재귀식은 시그마로 이렇게도 쓸 수 있다.

$$P(m, n) = \frac{1}{2^n} \sum_{k=0}^{n} nCk \; P(m-1, n-k)$$

(표기만 바꾼 같은 식이다.)

예를 들어 가족 2명, 비가족 2명이라 하자. 그러면

$$P(2,2) = \frac{1}{2^2}(P(1,2) + 2P(1,1) + P(1,0))$$

여기서

P(1,2)는 3명(가족 1, 비가족 2) 서바이벌에서 가족 1명이 최종 승자일 확률이므로 $\frac{1}{3}$

P(1,1)은 1:1이니 $\frac{1}{2}$

P(1,0)은 비가족이 0명이므로 이미 가족 승리로 1.

조금 더 풀어쓰자면, 가족 2명 비가족 2명이 대결하고, 비가족의 이

가위바위보- 소수가 다수를 이긴다

름을 각각 홍길동과 김성진이라고 했을 때, 승부가 난 첫 번째 판에서 가위와 보로 결판이 난 경우라면, 가족은 1명이 반드시 탈락하고,

① 홍길동(가위), 김성진(가위)

② 홍길동(보), 김성진(보)

③ 홍길동(가위), 김성진(보)

④ 홍길동(보), 김성진(바위)

이렇게 4가지 경우가 가능하고, 각각의 경우는 $\frac{1}{4}$의 확률이다.

홍길동·김성진 둘 다 가위를 낸 경우, 남은 사람은 가족 1명, 비가족 홍길동·김성진 2명. 3명 중에 가족이 이길 확률은 $\frac{1}{3}$이다.

홍길동·김성진 둘 다 보를 내면, 남은 사람은 가족 1명. 가족이 승리 확정. 따라서 가족 승리 확률은 1이다.

홍길동(가위)·김성진(보)를 내면, 가족 1명과 홍길동 1:1 대결이니까, 가족 승리 확률은 $\frac{1}{2}$이다.

김성진(가위)·홍길동(보)를 내면, 가족 1명과 김성진 1:1 대결이니까, 가족 승리 확률은 $\frac{1}{2}$이다.

거기에 4가지 경우가 일어날 확률은 각각 $\frac{1}{4}$이니까

$$\frac{1}{4}\left(\frac{1}{3} + 1 + \frac{1}{2} + \frac{1}{2}\right)$$

따라서

$$P(2,2) = \frac{1}{4}\left(\frac{1}{3} + 2\frac{1}{2} + 1\right) = \frac{7}{12}$$

이 정도(2 대 2) 규모에서도 계산이 벌써 이렇게 길어진다.

m,n이 조금만 커져도 손으로 풀 수 있는 수준을 넘어간다. 결국 컴퓨터로 재귀식을 계산하거나, 시뮬레이션으로 추정해야 한다.

게다가 시그마, 조합, 재귀함수는 고등학교에서 배웠어도 직관적으로 와닿지 않는다. 그래서 4장의 2에서는 "정확한 공식" 대신, 구조를 보이기에 충분한 근사식으로 방향과 크기를 먼저 잡아보겠다.

가족 m명을 하나의 플레이어 A라고 생각해보자. 단, A에게는 생명이 1개가 아니라 m개 있다고 보자. 가족 전략은 매번 손실을 1명으로 고정한다. 그래서 가족은 "한 번 지면 끝"이 아니라 "m번 져야 끝"이 된다.

즉 가족은 패배를 분산시키는 권한을 가진다. 이게 손실 분담 전략의 본질이다.

여기서 가장 중요한 반론을 한 번 다루자.

"그럼 비가족도 연합하면 되잖아?" 맞다. 연합하면 된다. 그리고 바로 그 순간, 비가족은 더 이상 '비가족'이 아니다. 그들도 가족 전략을 갖춘 집단이 된다.

결국 이 게임의 승부는 이렇게 바뀐다.

'누가 더 많냐'가 아니라, '누가 먼저 손실 분담 구조를 만들었냐'다.

현실에서 다수가 소수에게 지는 이유도 대개 여기에 있다. 다수는 흩어져 있고, 소수는 먼저 결속한다. 다수는 결속하려다 비용을 치르고, 소수는 결속한 상태로 시작한다.

이제 근사로 돌아가자.

비가족 한 명이 가족을 쓰러뜨리려면, 결정 라운드에서 가족 탈락이 m번 연속으로 나와야 한다.

그 확률은 $\left(\frac{1}{2}\right)^m$이다.

반대로 그 비가족이 실패할 확률은 $1 - \left(\frac{1}{2}\right)^m$이다.

이제 비가족이 n명이라고 하자. 각 비가족이 "혼자서 가족을 쓰러뜨릴 정도로 연속 승리를 이어가야 한다"는 점은 변하지 않는다.

그래서 다음 근사가 나온다.

$$P(\text{가족우승}) \approx \left(1 - \left(\frac{1}{2}\right)^m\right)^n$$

이 식은 단순화된 근사다.

앞에서 본 재귀식은 정확하다. 하지만 동시에 거의 쓸 수 없을 만큼 복잡하다.

그래서 만든 이 근사식이 정확하지 않은 이유도 분명하다.

실제 게임에서는 비가족이 동시에 탈락하기도 하고, 탈락 순서에 따라 이후 확률 구조가 바뀌며, 재귀식처럼 상태가 계속 달라진다. 즉, 이 근사식은 재귀식이 담고 있는 미세한 상호작용들을 모두 버린 결과다.

하지만 이 근사가 강력한 이유도 분명하다. 이 식은 정확한 값 대신, 다음 세 가지를 아주 선명하게 보여준다.

첫째, 가족 수 m이 늘어날 때의 효과는 선형이 아니라 지수적이라는 점.

둘째, 비가족 수 n이 늘어나도, 결속된 가족이 있으면 승률이 급격히 무너지지 않는다는 점.

셋째, 이 게임의 핵심은 "몇 명이 더 많으냐"가 아니라 "패배가 몇 번 연속으로 나와야 끝나느냐"라는 점이다.

"이 식은 정확한 답이 아니라, 연합이 왜 '숫자와 무관하게' 강해지는지를 보여주는 지도다."

정확한 값은 컴퓨터로 구할 수 있다. 하지만 이 근사는 한 눈에 말해준다. 연합의 힘은 이기는 확률이 아니라, 끝나지 않을 확률에서 나온다는 것을.

핵심은 "비가족이 많아지면 무조건 이긴다"가 아니라, "비가족의 승리 조건이 지수적으로 어려워진다"는 점이다.

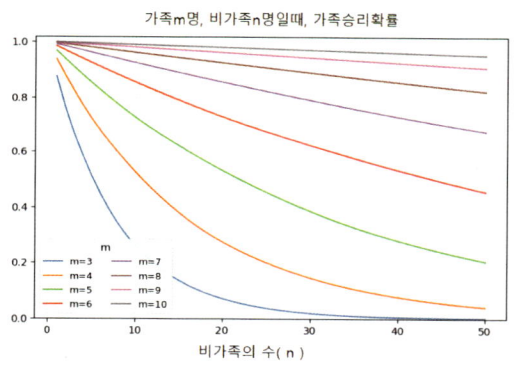

숫자를 몇 개만 보자.

예시 1)

가족 m=4명, 비가족 n명일 때, 가족의 승리 확률은

$m=4 \rightarrow 1 - \left(\frac{1}{2}\right)^m = 1 - \left(\frac{1}{2}\right)^4 = \frac{15}{16}$

$n=1 : (\frac{15}{16})^1 = 0.9375$

$n=2 : (\frac{15}{16})^2 = 0.8789$

$n=3 : (\frac{15}{16})^3 = 0.8230$

n=4 : $(\frac{15}{16})^4 = 0.7707$

n=5 : $(\frac{15}{16})^5 = 0.7225$

n=6 : $(\frac{15}{16})^6 = 0.6773$

n=10 : $(\frac{15}{16})^{10} = 0.5247$

n=20 : $(\frac{15}{16})^{20} = 0.2754$

가족이 4명일 뿐인데, 비가족이 10명이어도 "절반 언저리"까지 버틴다. 여기서 중요한 건 숫자 자체가 아니다. 비가족이 늘어도, 그들이 결속하지 않으면 '결정적인 승리'를 만들기 어렵다는 사실이다.

예시 2)

가족 m=5명, 비가족 n명일 때, 가족의 승리 확률은

m=5 $\rightarrow 1 - \left(\frac{1}{2}\right)^m = 1 - \left(\frac{1}{2}\right)^5 = \frac{31}{32}$

n=5 : $(\frac{31}{32})^5 = 0.85320$

n=6 : $(\frac{31}{32})^6 = 0.82654$

n=10 : $(\frac{31}{32})^{10} = 0.72761$

n=20 : $(\frac{31}{32})^{20} = 0.52942$

가족이 한 명 늘어났을 뿐인데, 비가족 20명을 상대로도 승률이 절

반을 넘는다.

예시 3)

가족 m=10일 때

$$m=10 \rightarrow 1 - \left(\frac{1}{2}\right)^m = 1 - \left(\frac{1}{2}\right)^{10} = \frac{1023}{1024}$$

$$n=100 : \left(\frac{1023}{1024}\right)^{100} = 0.906917$$

가족이 10명이 되면, 비가족이 그 10배인 100명이라 해도 가족의 승률은 90%가 넘는다.

연합의 크기는 선형으로 힘이 커지지 않는다. 어느 순간부터 확률이 "붙는 구간"이 생긴다.

여기서 결론은 하나다. 연합은 이기는 법을 배우는 집단이 아니다. 연합은 지는 법을 지우는 집단이다. 패배가 한 번에 몰리지 않게 설계한다.

반대로 흩어진 다수는, 이길 수 있는 순간이 와도 그 승리를 끝까지 유지할 구조가 없다.

그래서 공정한 룰 위에서도 결과는 공정하지 않게 기울어진다. 소수는 이기는 방법이 아니라, 지는 방법을 통제함으로써 다수를 이긴다.

3. 요약
부제: 결속은 '보이지 않는 생명'이다

이 게임에서 힘은 숫자에서 나오지 않는다. 힘은 손실을 분산시키는 구조에서 나온다.

가족 전략, 즉 손실 분담 전략의 핵심은 단순하다. 항상 한 명만 희생하도록 합의한다. 그 결과 연합은 한 번에 무너지지 않는다. 패배가 발생하는 방식 자체를 바꾼다.

반대로 흩어진 다수는 숫자가 많아도 덩어리가 되지 못한다. 결정적인 순간에 서로를 방해하며 스스로 탈락한다.

여기서 한 단계 더 나아가 말해보자. 이 구조는 도덕과 무관하다. 선한 집단도, 악한 집단도, 같은 룰 위에 올라가면 같은 방식으로 강해진다. 그러니까 문제는 "누가 나쁜가"가 아니다. 문제는 이 구조를 허용하는 환경이 얼마나 자주 등장하는가다.

무승부가 반복되는 판, 결정 라운드가 드문 판, 그리고 패배의 비용이 한 번에 몰리는 판에서는 결속이 곧 권력이 된다.

공정한 룰은 공정한 결과를 보장하지 않는다.

이제 다음 장에서는 이 메커니즘이 사회의 장면들 학교, 조직, 시장, 정치에서 어떻게 반복되는지 보자.

5장

소수는 어떻게
다수를 지배하는가

부제: 우리는 이미 이 게임을 알고 있다

4장까지 우리는 하나의 메커니즘을 확인했다.

연합은 "이기는 법"을 발명하는 게 아니라, "크게 지지 않는 법"을 합의한다.

그 합의는 종종 한 문장으로 요약된다. "우리 중 한 명은 항상 지는 손을 낸다."

이 문장은 불편하다. 우리는 게임을 개인전으로 배웠기 때문이다. 개인전에서 패배는 곧 나의 패배다. 하지만 집단전에서 패배는 '우리의 비용'으로 바뀐다.

한 번에 무너지지 않게 설계된 집단은, 공정한 룰 위에서도 확률을 기울인다. 이 장에서는 4장에서 '가족 전략'이라 불렀던 것을 더 일반적으로 손실 분담 전략이라 부르겠다. 중요한 것은 혈연이 아니라 결속이다. 그리고 손실을 '통제 가능한 단위'로 바꾸는 능력이다.

이 장에서는 수식을 더하지 않는다. 대신 현실에서 우리가 이미 봐온 장면들을 꺼낸다.

그리고 독자에게 이렇게 말하고 싶다. 이건 특별한 악인의 이야기라기보다, 구조가 사람을 그렇게 만들 때 벌어지는 장면들이다.

우리가 자주 착각하는 건 이것이다.

"저건 힘센 사람이 이기는 장면"이라고. 하지만 더 정확한 설명은 이거다. 저건 비용을 누가, 어떻게 떠안게 되는지가 설계된 장면이다.

소수는 강해서 지배하는 게 아니다. 소수는 패배 비용을 분산할 수 있어서 지배한다. 다수는 약해서 지는 게 아니다. 다수는 비용이 개인에게 붙어서 흩어진다. 이제 장면들을 보자.

1. 교실의 '일진'은 왜 항상 같은 얼굴인가

교실에는 학생이 많다. 대부분은 평범하고, 다수는 침묵한다. 그런데 어느 순간부터 분위기는 특정 몇 명이 결정한다. 그들이 항상 똑똑해서도, 항상 말이 논리적이어서도 아니다. 그들의 힘은 종종 다른 곳에서 나온다. 그들은 흩어지지 않는다.

점심시간에 함께 움직이며, 쉬는 시간에 같은 방향으로 고개를 돌린다. 누군가를 부를 때 "우리"라고 부른다. 한 명이 무언가를 하면 다른 두 명이 옆에 서 있다. 여기서 중요한 것은 폭력의 크기만이 아니다. 함께 있음 자체가 비용이 되고, 그 비용이 힘이 된다.

반대로 다수는 어떤가. 다수는 서로를 잘 모른다. 같은 반이어도 깊게 묶여 있지 않다. 누군가에게 일이 생기면 "내 일이 아니길" 바라며 지나간다. 다수의 기본 전략은 도덕이 아니라 생존이다. 그 생존은 대개 개인 최적화로 나타난다.

"나는 괜히 끼지 말자."

"나만 아니면 돼."

"내가 나섰다가 표적이 되면 어쩌지."

이 문장들이 교실을 만든다.

교실에서 '결정 라운드'는 언제 오나. 누군가가 처음으로 맞서는 순간이다.

"그만해."

"하지 마."

그 순간은 짧다. 하지만 그 한 번의 비용은 오래 간다. 대부분은 그 한 번을 피한다. 그러면 결과는 단순해진다.

다수는 이길 힘이 없어서 지는 게 아니다. 이길 형태가 없어서 진다. 소수는 강해서 지배하는 게 아니다. 항상 함께라서 지배한다.

1) 교실의 변형: 단톡방이 '침묵'을 정렬시키는 방식

요즘 교실에서 더 자주 보이는 장면이 있다. 폭력보다 빠르고, 훨씬 덜 눈에 띄는 방식이다.

단톡방. 익명 게시판. 캡처.

여기서 규칙은 더 단순하다. 말하면 캡처된다. 캡처되면 박제된다. 박제되면 혼자가 된다.

그 순간 발언은 의견이 아니라 위험이 된다. 그리고 위험은 개인에게만 붙는다. 다수는 이미 알고 있다.

"내가 말하면 내 이름이 남는다."

반대로 소수는 다르게 움직인다. 그들은 한 명이 말해도, 여러 명이 받쳐준다.

"개가 먼저 시작했잖아."

"다들 그렇게 생각해."

"그냥 분위기 파악 못 하네."

여기서 중요한 건 말의 내용이 아니다. 혼자가 되는 비용이 핵심이다.

침묵은 중립이 아니다. 침묵은 방어다. 그리고 방어가 한 방향으로 정렬되면, 그건 이미 합의다. 교실은 폭력으로만 굳지 않는다. 교실은 비용의 방향으로 굳는다.

가위바위보- 소수가 다수를 이긴다

2. 깡패가 시장을 지배하는 방식은
   '강함'이 아니라 '분산'이다

영화 속 상권 이야기는 과장처럼 들릴 때가 있다. 하지만 구조만 놓고 보면 교실과 놀랍도록 같다.

상인은 많다. 고객도 많고, 제도도 있고, 경찰도 있다. 그런데도 어떤 공간에서는 특정 집단이 규칙을 만든다. 그 집단은 반드시 압도적인 폭력만으로 움직이지 않는다. 그들이 자주 쓰는 힘은 다른 종류다. 손실을 분산시키는 힘이다.

손실 분담 전략의 핵심은 단순했다. 져도 한 번에 몰락하지 않도록, 비용이 한 사람에게만 가도록 합의한다.

현실에서도 비슷한 일이 생긴다. 누군가가 나서면 그 비용은 개인에게 집중된다. 반대로 집단의 행동은 집단에 분산된다. 누가 했는지 흐려지고, 책임이 나뉘고, 때로는 공기처럼 남는다.

다수는 다수의 형태를 만들지 못한다. 상인들은 각자 장사를 해야 한다. 각자 가족이 있고, 대출이 있고, 하루 매출이 있다. 다수는 모이면 강해지기 전에, 모이는 순간부터 비용이 생긴다.

"나 하루 장사 접으면 손해인데."

"나만 괜히 찍히면 어쩌지."

"다들 한다고 해놓고 막상 안 나오면?"

이 계산이 다수를 분산시킨다.

결집은 정의의 문제가 아니다. 결집은 비용의 문제다. 그래서 시장을 장악하는 건 종종 "힘이 센 사람"이 아니다. 비용을 분산할 수 있는 구조를 가진 사람이다.

갈등이 길어지고 결론이 미뤄질수록, 개인은 지치고 흩어진다. 반대로 결집한 소수는 시간을 먹고 자란다.

1) 폭력 없는 변형: '리뷰'와 '거래'가 규칙이 되는 순간

현대 시장에서는 폭력이 없어도 비슷한 장면이 생긴다. 물리적 폭력이 사라진 자리에는 다른 비용이 들어온다.

리뷰. 평점. 거래처. 임대료. 공급.

누군가가 나서서 "이건 부당합니다"라고 말하면, 바로 다음 날 손해가 온다. 리뷰가 떨어지고, 거래가 끊기고, 공급이 늦어지고, 계약이 불리해진다. 그리고 그 손해는 집단이 아니라 개인에게 붙는다.

반대로 보이지 않는 결집은 다르게 움직인다. 누군가 한 번 "신호"를 만들면, 나머지는 그 신호에 맞춰 움직인다.

"저 집은 문제 있는 집이래."

"거긴 거래하지 마."

"거기랑 엮이면 피곤해."

이 말들이 사실인지 아닌지는 종종 중요하지 않다. 중요한 건 비용이 '사실'이 아니라 '분위기'로 전달된다는 점이다. 여기서 다수는 더 조용해진다. 다수가 침묵하는 이유는 동의해서가 아니라, 고립 비용을 계산하기 때문이다.

시장도 교실과 똑같다. 다수는 나쁜 사람이어서 침묵하는 게 아니다. 다수는 합리적이기 때문에 침묵한다.

2) 플랫폼에서 여론은 어떻게 '연합처럼' 움직이는가

댓글·추천·신고의 손실 분담 구조

플랫폼에서 사람들은 종종 이렇게 말한다.

"요즘 여론이 그렇잖아."

"다들 이쪽으로 생각하던데?"

"이미 결론 난 거 아니야?"

하지만 이 말은 사실 설명이 아니다. 결과를 원인처럼 말하는 문장이다.

플랫폼의 여론은 토론의 누적 결과처럼 보이지만, 실제로는 훨씬 다른 방식으로 굳는다. 그 핵심에는 늘 같은 구조가 있다. 발언의 비용은 개인에게 붙고, 반응의 힘은 집단으로 계산된다.

댓글 하나는 약하다. 하지만 같은 방향의 댓글이 반복되면 그건 신호가 된다.

추천 수, 공감 수, 좋아요, 하트.

이 숫자들은 의견을 표현하는 장치처럼 보이지만, 실제로는 다음 행동을 유도하는 표지판이다.

"이쪽이 안전하다."

"여기 서 있으면 혼자가 아니다."

이 신호가 만들어지는 순간, 다수는 이동한다.

의견을 만들어서 이동하는 게 아니라, 이미 생긴 신호를 따라 이동한다. 여기서 중요한 건, 이 과정에 누군가의 사전 합의가 필요 없다는 점이다. 연합은 "짜지 않아도" 생긴다.

초기에 몇 명만 같은 방향으로 반복 행동을 하면 된다. 같은 댓글을 쓰고, 같은 반응을 누르고, 같은 대상을 문제 삼는다. 이 반복은 기계에게 신호가 된다. 기계는 신호를 증폭시킨다. 증폭된 신호는 다시 사람들을 끌어당긴다.

이때 반대 의견이 사라지는 이유는 단순하다. 틀려서가 아니라 비싸서다. 반대 댓글은 추천을 받지 못하고, 신고를 당할 확률이 높아지고, 계정 리스크가 생긴다. 이 손해는 집단이 아니라 개인에게 붙는다. 그래서 다수는 침묵한다. 침묵이 쌓이면 여론처럼 보인다. 그리고 여론처럼 보이는 순간, 그건 이미 힘이 된다.

플랫폼에서 연합은 더 이상 음모가 아니다. 연합은 알고리즘이 좋아하는 행동 패턴이다.

3) '신고'는 왜 연합의 무기가 되는가

손실을 개인에게 집중시키는 가장 싼 방법

플랫폼에는 항상 이 버튼이 있다. 신고. 신고는 정의의 장치처럼 설계된다. 하지만 구조적으로 보면 신고는 아주 효율적인 손실 집중 장치다.

한 명이 신고하면 큰일이 나지 않는다. 하지만 여러 명이 같은 대상을 같은 이유로 신고하면, 시스템은 그걸 "문제"로 읽는다. 여기서 중요한 점은 이것이다. 신고하는 사람은 비용을 거의 지지 않는다. 신고당하는 사람은 모든 비용을 혼자 떠안는다. 게시물이 내려가고, 계정이 제한되고, 설명이 필요해지고, 경고가 누적된다. 이때 신고한 사람들은 책임지지 않는다. "시스템이 그렇게 판단했다"는 문장만 남는다.

이 구조는 연합에게 완벽하다. 왜냐하면 손실을 완전히 개인에게 집중시킬 수 있기 때문이다. 그래서 플랫폼에서 연합은 굳이 목소리를 크게 낼 필요가 없다. 반복해서 같은 버튼을 누르기만 하면 된다.

이건 악의의 문제가 아니다. 구조의 문제다.

신고가 '개별 판단'이 아니라 '집단 신호'로 처리되는 순간, 연합은 싸우지 않고도 상대를 탈락시킬 수 있다.

그리고 그 장면을 본 다수는 다시 계산한다.

"굳이 내가 나설 필요가 있나?"

"저렇게 되면 피곤하잖아."

그 계산이 반복되면, 침묵은 더 단단해진다.

3. 회사에서 '일을 잘해서' 힘을 갖는 사람은 생각보다 적다

여기서부터 이야기는 더 익숙해진다. 우리는 학교를 졸업하고 회사라는 조직 안에 산다. 그리고 많은 사람은 이런 장면을 본다. 회의에서 늘 결론을 가져가는 사람들이 있다. 성과와 상관없이, 이상하게 건드리기 어려운 사람들이 있다. 숫자로는 다수인데도 방향은 언제나 소수가 만든다. 우리는 그걸 '정치질'이라고 부르며 싫어한다. 하지만 문제는 누가 나쁘냐가 아니다.

결정이 늦어지는 구조가 결집을 보상한다. 1장에서 말했듯, 선택지가 셋 이상이 되면 다수결은 연합을 뽑는 장치가 된다.

회의는 겉으로는 논리의 장이다. 하지만 실제로는 종종 결집의 장이 된다. 그리고 결집은 회의 안에서 만들어지지 않는다. 결집은 회의 전에 만들어지고, 회의는 확인 절차가 된다.

왜 이런 일이 생길까. 회사도 "무승부"가 길어지기 때문이다.

결정이 미뤄지고, 책임이 흐려지고, 선택지가 늘어난다. 그러면 게임은 반복되고, 반복은 사람을 느슨하게 만든다. 그때 강해지는 건 개인의 역량이 아니다. 지속성이다.

개인은 피로해지지만, 합의된 규칙은 피로해지지 않는다. 그래서 결집한 소수는 한 번에 크게 이기는 걸 목표로 하지 않는다. 대신 한 번에 크게 지지 않는 구조를 만든다. 책임을 분산하고, 손실을 최소화하고, 결정 라운드에서만 움직인다. 연합은 승리를 설계하는 것이 아니다. 손실을 통제한다.

이 장면은 누군가가 특별히 사악해서가 아니다. 구조가 그렇게 만든다. 그리고 회사는 그 구조가 자주 발생하는 곳이다. "C도 검토해보죠"라는 한 마디로 과반은 깨지고, 캐스팅보트가 생기기 쉽기 때문이다.

1) 회사의 변형: '회의'가 아니라 '평가'가 결속을 만든다

회사에서 가장 무서운 비용은 회의에서의 반박이 아니다. 진짜 비용은 회의 밖에서 온다.

평가. 배치. 승진. 프로젝트. 관계.

회의에서 "원칙대로 하죠"라고 말하는 건 쉬울 수 있다. 하지만 그 말이 다음 분기 평가에 어떤 그림자를 남기는지, 사람들은 알고 있다. 그래서 많은 사람은 논리로 싸우지 않는다. 논리로 싸우면 이겨도 남는 게 없을 수 있기 때문이다.

반면 결집한 소수는 다르게 움직인다. 그들은 논리로 이기지 않아도 된다. 그들은 "이 안이 실패했을 때의 비용"을 개인에게 붙이지 않게 만든다. 책임을 팀으로 흐리고, 실패를 환경으로 돌리고, 기록을 애매하게 만든다. 이건 비겁함이라기보다 기술에 가깝다. 결국 회사의 권력은 성과의 크기보다, 손실 귀속을 통제하는 능력에서 나올 때가 많다.

그래서 회사에서 자주 생기는 착시가 있다.

"저 사람들은 일을 잘해서 힘이 있나?"

하지만 더 정확한 질문은 이것이다.

"저 사람들은 실패했을 때 비용부담을 통제하고 있나?"

2) 소비와 리뷰에서 다수는 항상 늦게 온다

선택이 아니라 안전으로 이동하는 집단

소비의 세계는 개인전처럼 보인다. 각자 사고 싶은 걸 사고, 각자 판단하는 것처럼 보인다. 하지만 실제로는 다르다. 소비 역시 연합의 구조를 갖는다. 리뷰 수가 많고, 평점이 높고, "많이 본 상품"에 뜨고, "후기가 쌓인 곳"으로 사람들이 몰린다.

여기서 다수는 판단하지 않는다. 다수는 확인한다.

"이 정도면 괜찮겠지."

"다들 샀네."

"안전해 보인다."

이건 합리적이다.

소비 실패의 비용은 개인에게 붙기 때문이다.

반대로 초기에 선택하는 소수는 다르다. 그들은 손해를 볼 가능성을 감수한다. 하지만 그 손해는 개인의 실패로 끝나지 않는다. 그들의 선택은 신호가 되고, 신호는 다른 사람의 판단 비용을 줄인다.

여기서 흥미로운 전환이 생긴다. 다수가 몰린 결과처럼 보이는 상품은, 사실 다수가 늦게 도착한 결과다. 먼저 도착한 소수는 위험을 감수했고, 나중에 도착한 다수는 안전을 선택했다.

그래서 시장에서도 이런 착시가 생긴다.

"이건 다수가 선택했으니까 좋은 거야."

하지만 더 정확한 표현은 이거다. 이건 다수가 안전하다고 판단해서 이동한 결과다.

3) 리뷰 폭탄과 불매는 어떻게 연합이 되는가
도덕적 분노가 구조를 만날 때

불매와 리뷰 폭탄은 종종 도덕적 행동처럼 이야기된다.

"잘못했으니까 혼나야 한다."

그 판단이 옳을 수도 있다. 하지만 이 책에서 중요한 건 도덕이 아니라 구조다.

왜 어떤 불매는 성공하고, 어떤 불매는 사라질까? 성공하는 불매에는 공통점이 있다. 참여 비용이 낮다. 책임이 분산된다. 탈락 비용은 한쪽에 집중된다.

리뷰 하나는 작다. 별점 하나는 사소하다. 하지만 수백 개가 쌓이면, 그건 기업 하나를 흔드는 힘이 된다.

여기서 개별 참여자는 거의 손해를 보지 않는다. 별점을 하나 남겼다고 해서, 내 삶이 바뀌지 않는다. 반대로 대상은 큰 손실을 본다. 매출이 줄고, 이미지가 손상되고, 복구에는 오랜 시간이 걸린다.

이건 손실 분담 전략의 완벽한 예다. 개인의 비용은 미미하고, 집단의 효과는 크다. 그래서 불매는 빠르게 결집한다. 정의로워서가 아니라, 구조적으로 싸기 때문이다.

4. 독재자는 '국민 다수'를 이길 필요가 없다

독재를 우리는 흔히 이렇게 이해한다.

"강한 한 사람이 약한 다수를 눌러 이긴다."

그런데 이 책의 언어로 바꾸면, 독재는 "다수를 이기는 기술"이 아니다. 독재는 다수를 '다수로 존재하지 못하게' 만드는 기술이다.

여기서 말하는 다수는 단순히 숫자가 많은 사람들의 집합이 아니다. 이 책에서의 다수는 같은 방향으로 움직일 수 있는 덩어리, 즉 "연합이 될 수 있는 다수"다.

독재가 가장 원하는 상태는 이거다. 불만은 많다. 반대도 많다. 그런데 반대가 '한 번에 같이 움직이지'는 못한다.

숫자는 많지만, 형태가 없다. 흩어진 개인의 총합은 다수가 아니라 군중이 된다. 그리고 군중은 결정 라운드에서 항상 늦는다.

독재는 그래서 매일 이길 필요가 없다. 독재는 결정 라운드에서만 이기면 된다. 한 번의 결판이 "집단 단위의 탈락"으로 이어지게 만들면 된다.

즉, 독재가 하는 일은 국민을 설득하는 게 아니라, 비용의 방향을 설계하는 것이다. 나서면 개인이 다치게 만들고, 침묵하면 안전하게 만들면 된다. 그러면 사람들은 선악이 아니라 합리성으로 움직인다.

"내가 나섰다가, 나만 다치면?"

이 질문이 떠오르는 순간, 다수는 다수가 아니라 각자도생이 된다. 그리고 그 순간부터 독재는 이미 이긴다.

1) 북한: 다수가 '형성되지 못하게' 만드는 장치들

북한을 떠올리면 독재의 '힘'이 먼저 보이지만, 더 핵심은 다수를 못 만들게 하는 구조다. 여기서 중요한 장치는 두 개다.

첫째, 분류(서로를 믿기 어렵게 만드는 구조).

북한에는 출신 성분을 분류하는 사회적 분류 체계가 장기간 작동해 온 것으로 알려져 있다. 분류는 단지 차별이 아니라 "연합의 접착제"를 약하게 만든다. 같은 불만을 품고 있어도, 서로가 같은 편인지 확신할 수 없게 만든다.

둘째, 근접 감시(결집 비용을 올리는 구조).

북한에는 생활 단위에서 상호 감시·통제가 촘촘히 작동한다는 묘사가 반복된다. 이 구조의 효과는 단순하다. 반대의 비용은 개인에게 붙고 결집의 비용은 더 커지며 침묵은 "중립"이 아니라 "생존의 기본값"이 된다.

그래서 북한형 독재는 "국민 전체를 한 번에 눌러서" 유지되는 게 아니다. 정확히는, 국민이 한 번에 움직이는 순간이 오지 않게 유지되는 것이다. 독재는 다수를 이기는 게 아니라, 다수가 태어나지 못하게 만든다.

2) 동유럽: 독재가 무너진 건 '다수의 숫자'가 아니라 '다수의 형태'가 생겼기 때문이다

그럼 반대로, 독재가 무너지는 순간은 언제일까. 이 책의 문장으로 말하면 이렇다. 독재가 가장 두려워하는 순간은, '불만의 총합'이 '연합으로서의 다수'로 바뀌는 순간이다.

동유럽의 붕괴(1989년 전후)를 아주 단순화하면, 폭력의 크기가 줄어서가 아니라 다수가 '형태'를 갖기 시작했기 때문에 정권이 흔들린 측면이 크다. 폴란드의 경우, 연대노조(솔리다리티)가 합법화되고 선거로 이어지는 과정은 "반대가 흩어진 개인이 아니라, 조직된 덩어리로 등장하는 장면"을 보여준다.

동독의 경우도 비슷하다. 거리에서 반복된 집회(월요 시위)는 "개인의 불만"을 "집단의 리듬"으로 바꿨고, 그 장면은 세계적으로 알려져 있다.

핵심은 이거다. 독재의 안정은 "다수가 침묵한다"가 아니라 "다수가 다수로 뭉칠 수 없다"에 더 가깝다.

동유럽의 어떤 순간들에서는, 그 금이 갔다. 개인에 흩어져 있던 불만이, 조직·교회·노조·거리의 반복 같은 매개를 통해 "나만이 아니라 우리"로 바뀌기 시작했다. 그러면 비용 구조가 뒤집힌다.

예전에는 "나서면 나만 다친다"였는데 그 순간부터는 "나서면 혼자가 아니다"가 된다. 즉, 반대의 비용이 개인에게만 붙지 않게 되는 순간, 독재의 핵심 기술(개인 고립/비용 집중)이 무력해진다.

독재는 국민을 이기고 있던 게 아니다. 독재는 국민이 다수가 되는 걸 막고 있었을 뿐이다. 그래서 다수가 '형태'를 갖는 순간, 독재는 갑자기 약해진다.

3) 정리: 독재는 '다수'를 무너뜨리는 게 아니라 '다수의 탄생'을 막는다

여기서 5장의 주제로 다시 접속하자.

이 책에서 "소수가 다수를 이긴다"는 말은, "적은 사람이 많은 사람을 물리적으로 누른다"가 아니다. 소수는 손실을 분산할 수 있어서 덩어리로 움직이고 다수는 손실이 개인에게 붙어서 흩어진다.

독재는 이 원리를 가장 극단적으로 이용한다. 다수를 이기는 게 아니라, 다수가 되는 비용을 끝없이 올린다.

그래서 독재는 이런 상태를 유지하려 한다. 반대는 많되, 한 덩어리가 아니게 불만은 크되, 결정 라운드에 같이 오지 못하게, 침묵은 중립이 아니라, 안전의 기본값이 되게, 그리고 이게 가능해지는 순간, 독재는 국민을 모두 이길 필요가 없다. 독재는 매번 결정 라운드에서 한 번씩만 이기면 된다.

5. 공통 공식:
이 장면들은 모두 같은 게임이다

지금까지 네 가지 예를 봤다.

교실, 시장, 회사, 독재.

표면은 다르다. 하지만 구조는 놀라울 정도로 같다.

소수는 흩어지지 않는다. 소수는 손실을 "통제 가능한 단위"로 만든다. 저도 한 번에 무너지지 않게 설계한다. 반대로 다수는 서로 연결되지 않는다. 다수는 각자 생존 전략으로 돌아간다. "나만 아니면 돼"가 다수의 기본값이 된다. 결정은 지연된다. 무승부가 반복된다.

시간이 길어질수록 결집은 강해지고, 다수는 더 분산된다. 그래서 우리는 자주 착각한다.

"저 사람들은 강해서 이긴다."

하지만 더 정확한 표현은 이거다. 저 사람들은 질 때의 비용을 작게 만들어서 이긴다. 이게 손실 분담 전략의 핵심이다.

여기서 이 장을 '점검표'처럼 한 번 더 정리해보자. 어떤 판이든 아래 질문에 "예"가 많아질수록, 소수의 지배가 쉬워진다.

- 발언 비용이 개인에게 붙는가? (나서면 혼자 다치는가)
- 결집 비용이 다수에게 큰가? (모이면 손해가 생기는가)
- 이탈 비용이 큰가? (빠지면 더 위험해지는가)
- 무승부가 반복되는가? (결정이 자주 미뤄지는가)
- 결정 라운드가 드문가? (한 번의 결론이 크고 무거운가)
- 책임이 흐려지는가? (손해가 나도 누가 맞는지 사라지는가)

이 질문들이 "예"로 채워질수록, 다수는 다수가 아니라 흩어진 개인이 된다. 그리고 그 순간 소수는 이미 이긴다.

6. 다음 장으로:
우리는 민주주의와 시장경제 안에서도 같은 게임을 한다

여기서 질문이 바뀐다.

"그러면 이건 극단의 이야기니까, 우리와는 상관없나?"

그렇지 않다. 우리는 지금도 매일 이 게임을 한다. 다만 교실이 아니라 투표소에서 한다. 시장 골목이 아니라 소비와 주식과 가격에서 한다. 회사 회의실이 아니라 정당과 언론과 커뮤니티에서 한다. 장소가 바뀌었을 뿐, 구조는 그대로다.

대한민국처럼 민주주의와 시장경제가 결합된 사회에서는 더 흥미로운 일이 생긴다. 민주주의는 '표'를 만들고, 시장경제는 '선택'을 만든다. 표와 선택이 많아질수록, 선택지는 늘어난다. 과반은 깨지고, 무승부는 길어진다.

그러면 1장에서 말한 것처럼 사회는 연합의 게임으로 이동한다. 다수의 뜻이 아니라, 연합의 기술이 결과를 만든다.

이제 6장에서는 그 이야기를 하려 한다.

민주주의·조직·시장·유행이 같은 구조로 움직이는 이유를. 그리고 다음 7장에서는 더 근본적인 결론으로 가겠다. 룰이 결과를 바꾼다.

6장

사회적 의사결정
: 민주주의·조직·시장·유행의 공통 구조

부제: 우리는 표로 결정하는 게 아니라, 연합으로 결정한다

5장에서 우리는 교실, 시장, 회사, 독재 같은 장면들을 봤다. 그 장면들은 낯설어 보이지만 공통점이 하나 있었다. 결집한 소수는 흩어진 다수를 이긴다. 그리고 그 이유는 대개 '강함'이 아니라 '구조'였다.

여기서 독자는 이렇게 생각할 수 있다.

"그래도 저건 극단이지. 우리는 민주주의 사회에 살고 있고, 시장경제에서 살고 있고, 법과 제도가 있는데?"

맞다. 우리는 그런 사회에 산다. 그리고 바로 그렇기 때문에 더 흥미롭다.

민주주의는 표가 공정하다. 시장은 가격이 공정하다. 여론은 누구나 말할 수 있다. 조직은 회의로 결정한다.

겉으로 보면 모두 공정한 룰이다. 그런데 우리는 자주 이런 체감을 한다. 표는 공정했는데 결과가 '연합'처럼 보인다. 시장은 자유로운데 결과는 몇 군데로 쏠린다. 여론은 다양할 것 같은데 어느 날 갑자기 한 방향으로 굳는다. 회의는 민주적인데 결론은 늘 같은 사람들이 만든다.

이 장에서 하려는 일은 간단하다. 5장의 '극단'을 걷어내고, 우리가 매일 사는 일상 속 의사결정에서 같은 구조가 어떻게 반복되는지 보여주는 것이다.

핵심은 하나다. 사회는 표로 결정되는 듯 보이지만, 실제로는 연합을 만들기 쉬운 구조에서 결정된다. 그리고 그 구조에서는 늘 같은 일이 벌어진다.

결정 라운드는 드물다. 그래서 준비한 쪽이 이긴다.

1. 민주주의:
표는 공정한데, 결과는 왜 늘 연합처럼 보일까

민주주의는 가장 공정해 보이는 시스템이다. 모든 사람은 한 표를 갖고, 누구나 참여할 수 있고, 다수의 선택이 사회의 방향이 된다고 믿는다.

그런데 현실에서 민주주의는 종종 이렇게 보인다. 정책 경쟁이라기보다 단일화, 연대, 합종연횡이 더 중요해 보인다. 누가 1등이냐보다 누가 누구와 손잡느냐가 결과를 바꾼다. 다수가 분명히 존재하는데도 어떤 이슈는 오래 멈춘다.

이걸 도덕으로만 설명하면 늘 실패한다.

"정치인이 나빠서 그래."

"유권자가 어리석어서 그래."

이 말은 분노를 설명하지만 구조를 설명하지 못한다.

민주주의가 연합처럼 보이는 이유는 단순하다. 선택지가 둘이면 다수결은 강하고, 선택지가 셋이면 다수결은 연합 게임이 된다. 정치는 늘 '둘 중 하나'만 고르게 하지 않는다. 정당이 여러 개고, 의제가 여러 개고, 이해관계가 여러 층위로 겹친다. 그 순간부터 민주주의는 다수를 뽑는 장치가 아니라, 과반을 만드는 연합을 뽑는 장치가 된다.

1) 3자 구도와 캐스팅보트: 소수는 어떻게 다수를 결정하는가

선택지가 셋이 되는 순간 과반은 깨진다. A 40%, B 35%, C 25% 같은 구도에서는 "다수"가 없다. 그리고 다수가 없을 때 승부를 가르는 건 C다. C는 가장 많은 표를 가진 집단이 아닐 수 있다. 하지만 C는 과반을 완성시키는 부품이 된다. 그래서 양쪽 모두가 C를 필요로 하게 된다.

여기서 중요한 건 C가 선하거나 사악해서가 아니다. 구조가 C에게 그 자리를 준다. 이때부터 정치의 언어는 바뀐다. "누가 옳은가?"에서 "누가 누구를 끌어올 수 있는가?"로 바뀐다.

정책이 사라지는 건 아니다. 다만 정책은 '좋은 답'이라기보다 '표 이동의 조건'이 된다. 정책은 평가의 대상이기도 하지만, 동시에 거래의 단위가 된다. 이 과정이 반복되면 정치는 "정책 경쟁"이라기보다 "연합

조건의 협상"으로 보이기 시작한다.

사람들이 실망하는 지점은 여기다.

"정치는 왜 이렇게 되지?"

하지만 이건 정치인의 타락만으로는 설명되지 않는다. 선택지가 셋이면 표는 이미 연합의 재료가 된다.

2) 결론이 늦어질수록 결집한 쪽이 유리해지는 이유

민주주의에는 또 하나의 특징이 있다. 결론이 즉시 나지 않는 상황이 많다. 법안, 예산, 이해관계, 지역, 세대, 산업이 얽힐수록 결론은 늦어진다. 그때부터 정치는 '결정'이 아니라 '연장'의 기술이 된다. 결론을 못 내고 다음 회기로 넘긴다. "추가 논의"라는 말로 시간을 번다.

여기서 지연은 중립이 아니다. 지연은 판을 바꾸는 레버다. 시간이 길어지면 대중의 관심은 흩어진다. 분노는 피로로 바뀌고, 피로는 침묵으로 바뀐다.

반대로 결집한 집단은 한 번 정한 방향을 반복한다. 한 번 합의한 구호와 표의 이동을 계속 유지한다. 개인은 지치지만, 합의된 규칙은 지치지 않는다.

그래서 민주주의는 느려질수록 공정해지는 게 아니라, 느려질수록 연합이 강해지는 역설을 품는다. 이건 감정이 아니라 구조다. 결정 라운드는 드물다. 그래서 준비한 쪽이 이긴다.

2. 조직:
회의는 민주주의처럼 보이지만 실제로는 연합 게임이다

이제 정치에서 조직으로 내려오자. 회사, 관료조직, 협회, 위원회, 학교 운영위원회. 이름은 달라도 공통점이 있다. 모두가 '회의'를 한다.

회의는 민주주의처럼 보인다. 발언하고, 토론하고, 표결하고, 합의한다. 하지만 선택지가 셋이 되는 순간부터 회의는 논리의 장이 아니라 결집의 장이 된다. "C도 검토해보죠"라는 말 한마디로 과반은 깨진다. 그 순간부터 회의의 승부는 이렇게 바뀐다. '정답'이 아니라 '연합'을 만드는 사람이 이긴다.

그리고 조직에서는 흔히 이런 현상이 나타난다. 회의는 결론을 만드는 곳이 아니라, 이미 만들어진 결집을 확인하는 곳이 된다.

1) 회의는 하나가 아니다: 결정 회의 / 보고 회의 / 면피 회의

우리는 회의를 하나로 생각하지만, 실제로 회의는 세 종류로 나뉜다. 이 구분을 잡아야 조직이 왜 연합 게임이 되는지 더 선명해진다.

첫째, 결정 회의.

진짜로 결론이 나야 하는 회의다. 이 회의는 생각보다 드물다. 드물기 때문에 가치가 크다.

둘째, 보고 회의.

결론이 아니라 "상황 공유"가 목적이다. 겉으로는 토론처럼 보이지만, 실제로는 '그림'을 맞추는 시간인 경우가 많다.

셋째, 면피 회의.

결론보다 중요한 게 "책임을 나눠 갖는 것"인 회의다. 결론은 자주 '검토'로 남고, 실패의 비용은 개인에게 떨어지지 않도록 분산된다.

이 셋을 섞어버리면 조직은 늘 같은 결론으로 수렴한다. 결정 회의를 보고 회의로 바꾸고, 보고 회의를 면피 회의로 바꾸는 순간, 연합이 이기는 판이 열린다.

결정 라운드를 희소하게 만드는 기술. 그게 조직의 권력이 되기도 한다.

2) 선택지를 늘리는 사람, 의제를 쥐는 사람이 권력을 갖는다

회의에서 가장 강한 힘은 목소리가 아니다. 가장 강한 힘은 의제를 올리는 힘이다.

무엇을 안건으로 올릴지. 무엇을 "먼저" 다룰지. 무엇을 "나중"으로 미룰지. 무엇을 "검토 대상으로만" 남길지. 이 결정이 승부의 절반이다.

선택지가 늘어날수록 과반이 깨지고, 과반이 깨질수록 연합이 필요해지기 때문이다.

그래서 조직에서 흔히 보는 장면이 있다. A안과 B안이 팽팽할 때, C안이 등장한다. C안은 정답이어서가 아니라 균형을 깨는 카드가 된다. 그 순간부터 사람들은 내용보다 관계를 계산하기 시작한다.

회의는 토론처럼 보이지만 실제로는 표가 오가고 있다. 정치라고 부르면 불쾌하지만, 그건 사람이 나빠서가 아니라 구조가 요구하는 행동이다.

3) 책임이 흐려질수록 '크게 지지 않는 집단'이 이긴다

조직에서 연합이 강해지는 이유는 또 있다. 책임이 흐려질수록 '크게 지지 않는 집단'이 유리해지기 때문이다.

회의에서 중요한 것은 이번에 크게 이기는 게 아니다. 이번에 크게 지지 않는 것이다. 결정이 실패해도 누구 책임인지 흐리게 만들 수 있는가. 손해가 나도 비용이 특정 개인에게 고정되지 않게 할 수 있는가. 결론이 나지 않아도 시간을 벌 수 있는가. 이게 가능한 집단은 강해진다.

반대로 다수는 흩어져 있고, 책임은 개인에게 붙는다. 다수는 매번 새로 판단하지만, 결집한 소수는 이미 합의된 규칙으로 움직인다. 결정이 늦어질수록 그 차이는 더 벌어진다.

조직에서 '정치'가 강해지는 이유는 도덕적 타락이 아니라 구조 때문이다. 결정 라운드는 드물다. 그래서 준비한 쪽이 이긴다.

3. 시장경제:
가격은 다수의 선택처럼 보이지만,
실제로는 소수의 좌표가 다수를 끌어간다

시장경제는 민주주의보다 더 '투표'처럼 보인다. 표가 아니라 돈이지만 원리는 유사하다.

소비는 매일 일어나고, 가격은 수많은 선택의 결과처럼 보인다. 그런데 시장에서 자주 나타나는 현상은 이거다. 어떤 브랜드, 어떤 상권, 어떤 플랫폼은 한 번 쏠리면 더 쏠린다. 소비자는 다양해 보이지만 결과는 몇 곳으로 모인다.

유행은 늘 "자연스럽게" 온다고 말하지만, 실제로는 처음의 방향을 만든 소수가 있다. 시장도 결국 의사결정 시스템이다. 그리고 의사결정 시스템은 공정해 보여도, 결정이 나는 순간에 의해 지배된다.

1) 유동성과 선점: 먼저 움직인 소수는 '결정 라운드'를 만든다

가위바위보 서바이벌에서 결정 라운드는 "누군가 탈락하는 라운드"였다. 시장에서도 비슷한 것이 있다. 모든 날이 중요한 게 아니다. 어떤 날은 흐릿하고, 어떤 날은 갑자기 방향이 정해진다. 가격이 어떤 구간을 돌파하는 순간이 있다. 그 순간 갑자기 주문이 붙고, 재고가 줄고, 품절이 나고, 뉴스가 된다. 리뷰가 어느 임계치를 넘는 순간이 있다.

그 순간부터 소비자는 제품을 '검토'하지 않고 '확인'한다. 한두 번의 품절은 불편이지만, 반복되는 품절은 신호가 된다. 사람들이 사는 물건이라는 신호다.

이때 다수는 결정 라운드를 만들지 않는다. 다수는 확인하고 따라온다. 결정 라운드를 만드는 건 먼저 움직이는 소수다. 먼저 몰아주고, 먼저 신호를 만들고, 먼저 좌표를 찍는다.

여기서 시장의 연합은 꼭 의도적일 필요가 없다. 합의가 없어도 신호가 맞춰지면 한 덩어리처럼 움직인다.

정치와 조직의 연합이 '의도적 연합'이라면, 시장의 연합은 종종 '자연 연합'이다.

(1) 신호의 4단계: 찍힘 → 반복 → 가시화 → 안전

시장에서 다수는 설득돼서 움직이는 경우가 많지 않다. 다수는 안전을 따라 움직인다. 그 안전은 보통 신호의 4단계를 거쳐 만들어진다.

첫째, 찍힘.

처음 누군가가 산다. 누군가가 올린다. 누군가가 몰아준다. 작지만 방향이 생긴다.

둘째, 반복.

같은 행동이 반복된다. 리뷰가 늘고, 재구매가 붙고, 품절이 반복된다. 반복은 의도를 설명하지 않지만, 패턴을 만든다.

셋째, 가시화.

플랫폼의 추천, 검색 상단, 매장의 진열, 뉴스의 언급이 그 패턴을 "보이게" 만든다. 보이기 시작하면 신호는 급속히 커진다.

넷째, 안전.

사람들은 "좋아서"만 사지 않는다. "안전해서" 산다. 안전해 보이는 곳으로 이동하는 순간, 다수는 늦게 도착해 다수가 된다.

이 단계가 돌아가면, 시장은 다수의 선택처럼 보이면서도 사실은 초기의 결집 능력이 결과를 크게 바꾼다.

(2) 승자독식과 네트워크 효과: 시장은 애초에 연합에 우호적인 룰을 갖고 있다

시장에는 잔인한 룰이 있다. 승자가 많은 것을 가져가는 구조가 너무 흔하다.

사람이 모이는 곳에 사람이 더 모인다. 리뷰가 있는 곳에 리뷰가 더 쌓인다. 물량이 있는 곳에 물량이 더 모인다.

이건 도덕이 아니라 구조다. 이때 시장은 결집한 소수에게 더 유리해진다. 초기에 "몰아주는 행동"을 할 수 있기 때문이다. 그리고 그 몰아줌은 네트워크 효과를 통해 다수를 끌어온다. 시장경제는 분산된 개인들의 선택처럼 보이지만, 실제로는 초기에 결집할 수 있는 능력이 결과를 크게 바꾼다.

결정 라운드는 드물다. 그래서 준비한 쪽이 이긴다.

4. 유행과 여론:
우리는 내가 선택했다고 믿지만, 사실은 같은 방향으로 밀린다

유행과 여론은 민주주의도 아니고 시장도 아니다. 그런데 이상하게도 작동 방식은 닮아 있다.

유행은 누구도 강제하지 않는다. 여론은 누구도 투표로 결정하지 않는다. 그런데도 어느 순간부터 모두가 같은 방향으로 말한다. 같은 방향으로 소비하고, 같은 방향으로 분노하고, 같은 방향으로 침묵한다. 이건 신비가 아니다. 구조다.

1) 초반의 소수는 왜 그렇게 강한가

유행과 여론에서 가장 중요한 건 '처음'이다. 초반의 소수는 수가 많아서가 아니라, 결집해서 한 방향으로 움직이기 때문에 강하다.

초반의 소수는 분위기를 만든다. 분위기는 다수에게 이렇게 말한다.

"이쪽이 안전하다."

"저쪽은 위험하다."

"다들 이렇게 생각한다."

이 메시지는 논리로 전달되지 않는다. 표정과 댓글과 리트윗과 추천과 침묵으로 전달된다.

초기 댓글 몇 개가 분위기를 고정하는 장면을 우리는 매일 본다. 그리고 그 고정은 나중에 사실이 아니라 비용을 만든다.

"이 말을 하면 불이익이 있을까?"

"이 말은 위험해 보일까?"

이 계산이 다수의 입을 닫게 만들면, 소수의 목소리는 더 커진다.

2) 사람들은 설득돼서가 아니라 '고립을 피하려고' 따른다

사람들은 옳고 그름을 따지기 전에 먼저 주변을 본다. 고립이 무서운 건 인간의 본능이다.

그래서 여론에는 '발언 비용'이 생긴다. 나서면 칭찬이 아니라 낙인이 올 수 있다는 비용이다. 그 비용이 커질수록 다수는 침묵한다. 침묵이 늘수록, 남는 목소리는 더 커진다.

여론은 설득으로 커지는 게 아니다. 고립을 피하려는 움직임으로 군는다.

이 구조는 5장의 교실과 닮아 있다. 다수는 정의보다 생존을 먼저 계산한다. 그 순간 다수는 의견이 아니라 분위기가 된다. 그리고 분위기는 소수에게 유리한 방향으로 굳기 쉽다.

결정 라운드는 드물다. 그래서 준비한 쪽이 이긴다.

3) 반론: 여론의 수렴은 항상 나쁜가

여기서 독자는 이렇게 반론할 수 있다. "여론이 한 방향으로 모이는 게 항상 나쁜 건 아니잖아." 맞다. 수렴이 필요한 경우도 있다.

위기 상황에서는 빠른 수렴이 사람을 살린다. 명백한 범죄나 폭력에는 사회적 합의가 필요하다. 공동체는 때로는 단단히 모여야 한다.

하지만 이 장의 주장은 "수렴이 나쁘다"가 아니다. 문제는 수렴 자체가 아니라, 비용이 불균형한 수렴이다.

수렴이 너무 빠를 때, 반대가 검증 이전에 '위험'으로 분류될 때, 발언 비용이 한쪽에만 붙을 때, 침묵이 중립이 아니라 팀이 될 때. 그때 수렴은 합의가 아니라 연합이 된다. 그리고 연합이 되면, 논리는 느리고 흐름은 빠르다.

이 장은 여론을 비난하려는 게 아니다. 여론이 어떻게 "자연스럽게" 보이면서도 구조적으로 기울어질 수 있는지 설명하려는 것이다.

5. 공통 구조 요약:
민주주의·조직·시장·유행은 같은 엔진을 공유한다

이제 이 장을 한 페이지로 정리해보자.

선택지가 늘어나면 과반은 깨진다. 그래서 다수결은 다수를 뽑는 장치가 아니라 연합을 뽑는 장치가 된다.

결론이 늦어질수록 결집은 강해진다. 참여자가 많아질수록 결판은 드물고, 반복은 길어진다.

연합은 '이기는 법'이 아니라 '크게 지지 않는 법'을 합의한다. 연합의 힘은 승리의 화려함이 아니라 손실의 통제에서 나온다.

그래서 표·회의·가격·여론은 모두 다수의 의지를 표현하는 도구인 동시에, 결집한 소수에게 유리한 도구가 되기도 한다.

여기서 핵심만 한 번 더 "점검표"로 적어보자. 우리가 어떤 판에 들어갔는지 판단하는 최소 기준이다.

1) 공통 점검표: 지금 이 판은 연합 게임인가

- 선택지가 셋 이상으로 늘어나는가
- 결론이 자주 보류되고 "추가 검토"가 반복되는가
- 반대의 비용이 집단이 아니라 개인에게 붙는가
- 책임이 위로 갈수록 흐려지고 아래로 갈수록 고정되는가
- 신호(추천/댓글/여론/상단 노출)가 다수를 늦게 끌어오는가
- 시간이 길어질수록 개인은 지치고, 합의된 규칙은 지치지 않는가

이 항목에 "예"가 많아질수록, 그 판은 표면적으로 공정해 보여도 실제로는 연합에 우호적인 판이 된다.

이 결론은 비관이 아니다. 오히려 현실 설명이다.

6. 다음 장으로:
그래서 답은 '사람'이 아니라 '룰'이다

여기까지 오면 질문은 더 이상 "왜 저 사람들은 나쁜가"가 아니다. 질문은 이렇게 바뀐다. 왜 공정해 보이는 룰이 반복적으로 불공정해 보이는 결과를 만드는가. 왜 결과가 늘 같은 방향으로 기우는가.

답은 사람의 성격이 아니라 룰의 구조에 있다. 같은 사람이라도 룰이 다르면 결과는 달라진다.

결선투표가 있느냐 없느냐.

승자독식이냐 비례냐.

의제를 누가 올리느냐.

무승부를 어떻게 처리하느냐.

이런 룰의 차이가 결과를 바꾼다.

7장은 이제 '현상을 설명'하는 단계에서 한 걸음 더 나아가려 한다. 연합이 강해지는 이유를 더 말하지 않는다. 연합이 강해지지 못하게 만드는 룰의 레버가 어디에 있는지 찾는다.

다음 장의 결론은 이렇게 시작될 것이다.

룰이 결과를 바꾼다.

룰이 결과를 바꾼다

부제: 정치든 회사든 플랫폼이든, 이기는 사람은 룰을 잡는다

6장까지 우리는 "사람이 왜 저렇게 행동하는가"를 묻지 않았다. 그보다 먼저 "왜 저 행동이 반복적으로 유리해지는가"를 봤다.

선택지가 늘어날수록 과반은 깨지고, 결론이 늦어질수록 결집한 쪽이 유리해진다. 반복이 길어지면 개인은 피로해지지만, 합의된 규칙은 피로해지지 않는다. 그래서 결론은 자연스럽게 여기로 온다. 사람은 그대로인데 결과는 달라질 수 있다.

그 차이를 만드는 건 도덕이 아니라 룰이다. 우리는 흔히 룰을 "중립적인 절차"라고 생각하지만, 룰은 중립이 아니다.

룰은 사람들의 행동을 유도하고, 행동이 모이면 권력이 된다. 정치에서든, 회사에서든, 플랫폼에서든 마찬가지다. 겉으로는 논리와 실력의 싸움처럼 보이지만, 실제로는 이런 싸움이다. 어떤 룰이 어떤 행동을 보상하느냐.

이 장에서는 제도를 예찬하거나 비판하지 않는다. 대신 결과를 바꾸는 레버, 즉 룰의 손잡이가 어디에 있는지 지도처럼 꺼내보겠다.

그리고 하나를 분명히 하겠다. 결정 라운드는 드물다. 그래서 룰이 권력이다.

1. 룰의 기본 3대 레버:
속도·선택지·책임

결과를 바꾸는 룰은 수없이 많아 보인다. 하지만 대부분은 세 가지 기본 레버로 정리된다.

① 속도 레버: 결론이 빨리 나게 하는가, 늦게 나게 하는가
② 선택지 레버: 선택지를 줄여 과반을 만들게 하는가, 늘려 과반을 깨는가
③ 책임 레버: 비용이 개인에게 붙는가, 집단으로 분산되는가

연합이 강해지는 이유를 한 문장으로 정리하면 이렇다. 결론이 늦어지고, 선택지가 늘고, 책임이 흐려질수록 결집한 소수는 손실을 통제하며 이긴다.

그리고 오늘날에는 이 기본 레버들을 한 번에 조정하는 "상위 레버"

가 두 개 더 있다. 의제(무엇을 선택지로 올릴 것인가)와 규모(판을 얼마나 크게 만들 것인가)다.

의제와 규모는 단독으로 작동하는 장치가 아니다. 의제는 선택지를 만들고, 규모는 속도를 늦추고 책임을 흐리게 만든다. 즉, 의제와 규모는 기본 3대 레버를 한꺼번에 움직이는 메타 레버다. 이제부터는 이 레버들이 정치·조직·플랫폼에서 어떤 형태로 나타나는지 보자.

2. 속도 레버:
지연은 중립이 아니라 '연합의 사료'다

우리는 지연을 공정함으로 착각한다. "더 논의하자"는 말은 합리적으로 들린다. 하지만 지연은 단지 시간을 늘리는 게 아니다. 지연은 협상 가능한 사람만 남기는 장치다. 결론이 늦어질수록 사람들은 피로해지고 관심을 잃는다. 흩어진 다수는 더 흩어지고, 남는 건 끝까지 결집한 집단이다.

1] 정치에서의 지연: "신중함"이라는 이름의 시간 확보

정치는 결정을 미루는 기술을 자주 사용한다. 표결을 연기하고, 재논의로 넘기고, 절차를 더 붙인다. 겉으로는 신중함이다. 하지만 구조적으로는 이런 결과가 나온다.

지연되는 동안 대중의 관심은 줄어든다. 관심이 줄어드는 동안 연합의 결속은 상대적으로 커진다.

결국 결정은 토론의 결과가 아니라, 끝까지 남은 결집의 결과가 되기 쉽다. 지연은 중립이 아니라 힘이다.

2) 조직에서의 지연: "보류"라는 이름의 책임 회피

회사에서 가장 흔한 지연의 형태는 보류다.

"추가 검토가 필요합니다."

"데이터 더 보고 결정하죠."

"TF 만들어서 정리해봅시다."

문제는 이 말들이 틀려서가 아니다. 문제는 이 말들이 자주 결정을 내리지 않는 결정을 내리는 방식으로 쓰인다는 점이다.

보류는 책임을 미룬다. 미뤄진 시간 동안 결집은 만들어지고, 흩어진 다수는 더 흩어진다. 그래서 회의는 결론을 만드는 곳이 아니라, 결집을 확인하는 곳이 되기 쉽다.

3) 플랫폼에서의 지연: 결정을 미루게 만드는 자동화

플랫폼은 지연을 기술로 만든다.

자동재생. 무한 스크롤. 더 보기. 추천의 연쇄.

이건 사용자에게 편의처럼 보인다. 하지만 구조적으로는 결정의 순간을 계속 뒤로 민다. 선택은 미뤄지고, 사용자는 흐름을 탄다. 그리고 그 흐름을 설계한 쪽이 이긴다.

지연이 길어질수록 초반의 결집된 반응-댓글, 공유, 신고, 팬덤-이 더 큰 힘을 갖는다. 플랫폼은 지연을 통해 의사결정을 "안 하는 상태"로 고정한다.

지연은 공정함이 아니라 결집의 먹이다. 결정 라운드는 드물다. 그래서 속도가 권력이다.

3. 선택지 레버:
선택지를 줄이면 연합은 약해지고, 늘리면 연합은 상수
가 된다

선택지가 둘이면 과반은 거의 자동으로 만들어진다. 하지만 선택지가 셋이 되는 순간, 과반은 깨질 수 있다. 그 순간부터 다수결은 "다수"를 뽑는 장치가 아니라, 과반을 만드는 연합을 뽑는 장치가 된다.

이 레버는 정치만의 이야기가 아니다. 조직과 플랫폼도 똑같이 작동한다. 그리고 플랫폼에서 이 레버는 한 문장으로 정리된다. 플랫폼은 선택지를 주는 게 아니라, 노출을 설계한다.

정치에서의 선택지 설계: 둘로 압축할 것인가, 셋 이상으로 유지할 것인가

정치는 늘 선택지를 설계한다. 후보를 몇 명으로 만들지, 결선이 있

는지, 단일화가 어떤 방식으로 일어나는지.

선택지를 압축하면 결론이 빨라진다. 선택지를 늘리면 협상이 상수화된다. 협상이 상수화되면 결집한 소수가 강해진다. 정치가 "정책"보다 "연대"에 민감해지는 이유는 여기 있다.

조직에서의 선택지 설계: "C도 검토하죠"가 과반을 깬다

회의에서 "C도 검토하죠"는 합리적으로 들린다. 하지만 그 순간 과반은 깨질 수 있다. 선택지가 늘어나면 다수는 사라진다. 그 빈자리에서 캐스팅보트가 생긴다. 승부는 "무엇이 정답인가"에서 "누가 누구와 손잡는가"로 옮겨간다. 그래서 선택지를 늘리는 사람은 종종 힘을 갖는다. 옵션을 늘리는 권력은, 협상을 강제하는 권력이 된다.

플랫폼에서의 선택지 설계: 많아 보이게 하고, 좁혀 보이게 한다

플랫폼은 사용자에게 선택지가 많다고 말한다. 하지만 실제로는 선택지가 아니라 노출 창을 설계한다. 무엇을 추천할지. 무엇을 전면에 둘지. 어떤 태그를 살릴지. 어떤 기준으로 랭킹을 만들지.

선택지를 "늘리는 것처럼 보이면서" 실제로는 몇 개의 강한 후보로 압축한다. 사용자는 많은 선택지 속에서 사실상 같은 몇 개를 반복해서 보게 된다. 선택지를 설계한 사람이 이미 절반을 이겼다.

결정 라운드는 드물다. 그래서 선택지가 권력이다.

4. 책임 레버:
책임이 흐릴수록 '크게 지지 않는 집단'이 이긴다

연합은 승리를 설계하는 게 아니라 손실을 통제한다. 이 문장이 현실에서 강력한 이유는, 책임이 붙는 방식 때문이다. 비용이 분산되는 행동은 쉬워지고, 비용이 집중되는 행동은 사라진다. 룰이 이 비용 구조를 만들면, 권력은 결집한 쪽으로 간다.

1) 조직에서의 책임 분산: 실패의 비용이 희석되면 '안 지는 전략' 이 강해진다

조직에서 흔한 권력의 형태는 이런 것이다. 결정을 하지 않고도 책임지지 않는 힘.

합의제라서 누구 책임인지 모호하다. 공동 결재라서 실패가 희석된다. KPI(핵심 성과 지표)가 애매해서 결과가 해석 싸움이 된다. 실패해도 '외부 변수'로 돌릴 여지가 남는다.

이 구조에서는 결집한 소수가 강해진다. 연합은 손실을 분산시키는 데 능숙하기 때문이다. 반대로 흩어진 다수는 실수 하나의 비용을 개인이 감당한다. 그래서 다수는 위험을 피하고, 소수는 판을 쥔다.

2) 정치에서의 책임 분산: 공동 책임은 공정해 보이지만, 실패를 흐린다

정치도 비슷하다. 위원회, 협의체, 검토기구는 때로 필요하다. 하지만 실패 비용이 희석되면 '크게 지지 않는 전략'이 강화된다. 결국 손실이 사라진 곳에 권력이 남는다.

3) 플랫폼에서의 책임 분산: 공격은 분산되고, 피해는 집중된다

플랫폼은 책임 분산을 기술로 만든다.

익명성. 집단 신고. 댓글의 군중성. 밈의 확산 구조.

여기서 중요한 건 "나쁜 댓글"이 아니다. 비용의 구조다. 한 사람을 공격하는 비용은 낮고, 방어하는 비용은 높다. 공격은 분산되고, 피해는 집중된다.

이 구조에서는 결집한 소수 - 팬덤, 커뮤니티, 조직적 계정은 손실을 거의 지지 않고도 큰 영향을 만든다. 책임이 개인에게 붙지 않으면, 권력은 결집한 쪽으로 간다.

결정 라운드는 드물다. 그래서 책임이 권력이다.

5. 메타 레버 1:
의제-무엇을 올릴지 정하는 사람이 게임 디자이너다

우리는 투표가 공정하다고 말한다. 회의가 민주적이라고 말한다. 추천이 중립이라고 말한다. 하지만 공정함은 보통 "선택지 중에서 고르는 과정"에만 적용된다.

문제는 그 이전이다. 무엇이 선택지가 되느냐. 이게 의제 설정이다. 의제를 정하는 사람은, 고르는 사람이 아니라 게임을 만드는 사람이다.

1) 정치의 의제: 법안보다 프레임이 먼저다

정치에서 의제는 법안만이 아니다. 프레임 자체가 의제다.

어떤 이슈를 전면에 올릴지. 무엇을 '국가적 과제'로 부를지. 무엇을

'논란'으로 만들지. 무엇을 조용히 덮을지.

이 순간부터 승부는 시작된다. 투표는 그 뒤에 온다.

2] 조직의 의제: 안건과 제목을 정하는 사람이 판을 만든다

조직에서 의제 설정은 더 실용적이다.

회의 안건을 누가 정하는가.

보고서의 제목을 누가 정하는가.

KPI를 어떤 문장으로 쓰는가.

리스크를 어떤 단어로 부르는가.

이건 말싸움이 아니다. 판 설계다. 의제 설정권은 "말을 먼저 하는 권력"이 아니라 "게임을 만드는 권력"이다.

3] 플랫폼의 의제: 선언하지 않고, 보이게 만든다.

플랫폼은 의제를 선언하지 않는다. 플랫폼은 의제를 보이게 만든다.

트렌딩에 무엇을 올릴지.

추천 피드에서 무엇을 반복 노출할지.

무엇을 가이드라인으로 밀어낼지.

무엇을 정상 콘텐츠로 남길지.

보이는 것이 의제가 되고, 의제가 곧 사회가 된다. 투표는 의제가 정해진 뒤에만 공정하다.

6. 메타 레버 2:
규모-판의 크기와 분할은 결판 확률을 바꾼다

참여자가 많아질수록 결판이 날 확률은 급격히 줄어든다. 판이 커지면 결론이 늦어진다. 결론이 늦어지면 결집이 강해진다. 그러면 판의 크기는 중립이 아니라 권력 변수다.

1) 정치의 규모: 단위를 어떻게 나누느냐가 힘을 바꾼다

선거구를 어떻게 나누는가.

대표 단위를 어디까지 쪼개는가.

같은 표라도 어떤 단위로 모이느냐에 따라 힘이 달라진다. 큰 판은 오래 끌고, 오래 끌수록 연합이 이긴다.

2) 조직의 규모: 큰 회의는 대표성이 아니라 표류를 만든다

회의 인원이 커질수록 결론은 늦어진다.

승인 단계가 늘수록 책임은 흐려진다.

결재 체계가 길수록 보류가 쉬워진다.

조직의 규모와 분할은 생산성의 문제가 아니라 권력 구조의 문제다.

3) 플랫폼의 규모: 노출 풀을 키울수록 초기 파동이 번진다

플랫폼에서 판의 크기는 노출 풀이다.

피드가 얼마나 넓은가. 추천 슬롯이 몇 개인가.

랭킹 페이지가 몇 줄인가. 한 번의 파도가 어디까지 전파되는가.

판이 크면 초반 소수의 파동이 다수에게 번지기 쉬워진다.

플랫폼은 판을 크게 만들고, 그 안에서 쏠림을 강화한다.

그래서 플랫폼은 현대 사회에서 '서바이벌 게임'을 자동화한 시스템이 된다. 이 연결은 뒤에서 더 구체적으로 다룰 것이다. 규모는 중립이 아니라 설계 변수다.

결정 라운드는 드물다. 그래서 규모가 권력이다.

7. 룰의 조합:
같은 사회도 '세팅'에 따라 전혀 다른 결과가 나온다

레버들은 각각 따로 존재하지 않는다. 대부분은 조합으로 작동한다. 그 조합이 사회의 성격을 만든다. 그리고 그 성격은 "선의"가 아니라 "세팅"에서 나온다.

◎ 세팅: 속도 / 선택지 / 책임

- 세팅 A: 빠름 / 압축 / 책임 명확
  결론이 빨리 난다.
  책임이 선명하다.
  연합이 끼어들 시간이 줄어든다.
  대신 한 번의 실수가 큰 비용이 될 수 있다.
  결정성은 올라가지만, 대표성은 내려갈 수 있다.

- 세팅 B: 느림 / 다양 / 책임 분산

다양한 의견이 살아남는다.

소수의 목소리가 남는다.

대신 결정이 늦어지고 보류가 쉬워진다.

연합이 상수화되고 결집한 소수의 협상력이 커진다.

대표성은 올라가지만, 표류의 위험이 커진다.

- 세팅 C: 플랫폼형 - 빠른 확산 / 초기 소수 증폭 / 승자독식 쏠림

결정은 느리지 않다. 오히려 너무 빠르다.

하지만 그 빠름은 개인의 숙고가 아니라 초기 파동이 만든다.

초반의 결집이 트렌드를 만든다.

트렌드가 다수를 끌어온다.

다수가 들어오면 트렌드는 사실이 된다.

플랫폼형 세팅에서는 연합이 더 빠르고 자동으로 만들어진다.

연합은 작전이 아니라 보상되는 패턴이 된다.

그래서 플랫폼은 룰의 시대를 앞당긴다.

세팅은 옳고 그름의 선언이 아니라, 무엇을 포기할 것인가에 대한 결정이다. 중요한 건 "좋다/나쁘다"가 아니라 "무엇을 강화하고 무엇을 약화시키는가"다.

8. 결론:
연합을 없앨 수 없다면, 연합을 '보이게' 만들어야 한다

여기까지 오면 결론은 비관이 아니라 현실주의다. 연합은 사라지지 않는다. 선택지가 셋 이상인 순간, 연합은 구조가 요구하는 행동이 된다. 그러면 남는 선택지는 둘이다. 연합을 도덕적으로 비난하거나, 연합이 작동하는 방식을 설계하는 것이다.

이 책은 두 번째를 선택한다. 연합을 없애는 게 목표가 아니다. 연합이 숨지 못하게. 연합이 책임을 지게. 연합이 협상의 비용을 치르게. 연합이 공개 협상으로 드러나게.

이제 다음 장에서는 그 설계 원칙으로 들어간다.

연합을 공개 협상으로 바꾸는 법. 선택지를 줄여 연합의 힘을 약화시키는 법. 무승부 처리 규칙을 설계해 결정을 가속하는 법. 책임을 사람에게서 룰로 옮기는 법.

여기서부터는 "세상을 해석하는 책"에서 한 걸음 더 나아간다. 세상을 덜 흔들리게 만드는 책으로 넘어간다.

8장

연합을 다루는 법·
이 게임에서 살아남는 법

부제: 설계와 생존은 같은 구조 위에 있다

이제부터 책의 문장이 조금 달라질 것이다. 7장까지는 "왜 그런 일이 벌어지는가"를 설명했다. 이제는 "그래서 무엇을 할 것인가"로 넘어간다.

하지만 여기서 먼저 못 박아야 할 것이 있다. 연합은 없앨 수 없다. 선택지가 셋 이상인 순간, 연합은 구조가 요구하는 행동이 된다.

그러면 남는 길은 두 가지다. 설계자의 입장에서는 연합이 결과를 왜곡하지 않도록 다루는 법이 필요하다. 참여자의 입장에서는 연합이 이미 있는 판에서 덜 다치고 살아남는 법이 필요하다.

둘은 다른 문제가 아니다. 같은 구조를 '멀리서' 보면 설계이고, '안에서' 보면 생존이다.

이 장은 그 두 시점을 한 장 안에 겹쳐놓고, 실제로 쓸 수 있는 규칙으로 정리해보려 한다.

한 페이지 요약: 이 장을 읽기 전에 기억할 6가지

① 연합은 숫자가 아니라 밀도로 움직인다.

② 연합은 결론의 순간이 아니라 그 이전에 만들어진다.

③ 연합을 공격하면 개인이 다친다.

④ 연합을 '문장'으로 만들면 연합이 무거워진다.

⑤ 선택지를 줄이면 게임이 개인전에 가까워진다.

⑥ 무승부가 길어지면 개인은 구조적으로 불리해진다.

기본값은 중립이 아니다. 기본값은 누군가에게 이미 유리하다.

그리고 가장 중요한 실전 질문은 이거다.

지금 내가 필요한 건 설득인가, 구조 조정인가, 이탈인가?

1. 연합은 왜 항상 먼저 움직이는가

연합은 거의 항상 결정 전에 만들어진다. 회의에서 결론이 나는 순간, 선거에서 투표가 끝나는 순간, 플랫폼에서 여론이 굳는 순간-그때는 이미 늦은 경우가 많다.

이유는 단순하다. 연합의 본질은 "의견의 승리"가 아니라 손실의 통제이기 때문이다. 손실을 통제하려면 결론이 나기 직전이 아니라, 결론이 나기 훨씬 전부터 손을 맞춰야 한다. 그러니까 연합은 "말을 잘해서" 만들어지지 않는다. 연합은 "미리 맞춰서" 만들어진다.

우리는 자주 이런 장면을 본다. 회의는 50분 동안 지지부진하다. A안과 B안이 팽팽하고, 모두가 말은 많은데 결론은 없다. 그러다 마지막 3분.

누군가가 "그럼 이렇게 정리하죠"라고 말한다. 그 순간 이상하게도 다수가 고개를 끄덕인다. 반대가 거의 없다. 질문도 거의 없다.

그 장면은 토론의 승리처럼 보이지만, 종종 토론의 결과가 아니다.

이미 맞춰진 합의가 "결론의 문장" 형태로 드러난 것에 가깝다.

연합이 먼저 움직일 수 있는 판에는 공통점이 있다.

결정이 자주 보류된다.

선택지가 자주 늘어난다.

책임이 자주 흐려진다.

판이 이런 성격을 띠면, 공개 토론의 가치가 떨어진다. 대신 비공개 조율의 가치가 올라간다. 그리고 그 순간부터 "사전 결집"은 능력이 아니라 기본기가 된다.

여기서 개인이 가장 자주 당하는 패턴이 있다.

회의에서 "그건 아닌데요?"라고 말한다.

댓글에서 "사실은…"이라고 설명한다.

조직에서 "원칙대로 하죠"라고 주장한다.

말이 맞을 수도 있다. 하지만 이미 판이 기울었다.

고립된 개인은 논리로 싸우고, 결집한 집단은 규칙으로 움직인다. 이 게임에서 더 강한 건 보통 후자다.

그래서 첫 번째 원칙은 이것이다. 연합과 싸우기 전에, 연합이 '언제' 만들어졌는지부터 봐라. 결론의 순간은 대개 늦다.

2. 지금 이 판에 연합이 있는지 알아차리는 신호들

연합을 알아차릴 때 사람들이 가장 많이 하는 실수는 숫자부터 세는 것이다.

"저쪽은 몇 명이지?"

"내 편은 몇 명이지?"

하지만 연합의 힘은 숫자에서 나오지 않는다. 연합의 힘은 결속 밀도에서 나온다. 밀도는 숫자로 잘 안 보인다. 대신 신호로 먼저 드러난다.

첫째, 말하는 사람보다 침묵하는 사람을 봐라.

회의에서 늘 비슷한 사람들이 말하고, 나머지는 늘 조용하다면 단순 소극성이 아닐 수 있다. 침묵이 반복해서 한 방향으로만 작동하면, 그것은 이미 합의일 수 있다.

둘째, 반복되는 표현을 봐라.

"이미 얘기된 사안입니다."

"그 방향으로 정리하죠."

"이건 다들 동의하실 거고요."

이 문장들은 의견이 아니라 정리다. 정리는 보통 합의가 끝난 뒤에 나온다.

셋째, 결정 직전의 갑작스러운 매끄러운 합의를 봐라.

오랫동안 지지부진하던 회의가 마지막 3분에 갑자기 정리되는 순간이 있다. "그럼 이렇게 가죠"라고 말하자마자 다수가 고개를 끄덕이는 순간. 토론의 결과라기보다 사전 조율이 드러나는 장면일 때가 많다.

넷째, 역할 분담이 이미 끝나 있는지 봐라.

누군가는 늘 공격하고, 누군가는 늘 중재하고, 누군가는 늘 정리한다. 마치 팀플레이처럼 자동으로 돌아가면, 그건 즉석이 아니다.

다섯째, 질문을 싫어하는지 봐라.

논쟁은 허용하는데, 조건을 문장으로 남기는 질문에는 불편해한다.

"그건 지금 말해봤자…"

"그건 나중에…"

"그렇게까지 할 필요 있나요?"

연합이 가장 싫어하는 건 반대가 아니다. 연합이 가장 싫어하는 건 조건이 공개되는 것이다.

여기서 오해를 하나 막아두자.

침묵이 항상 연합은 아니다. 빠른 정리가 항상 음모는 아니다. 하지만 침묵이 반복해서 같은 방향으로만 작동하고, 정리가 근거 없이 매끄럽고, 질문을 회피하는 패턴이 겹치면 그때는 신호로 읽어야 한다. 신호를 봤다면 그때부터 태도를 바꿔야 한다.

지금 필요한 건 "설득"이 아니라 "구조 조정"이다. 지금 자리에서 논리로 뒤집을 수 있는가? 아니면 지금 필요한 건 판을 단순하게 만들거나, 연합을 드러내거나, 빠져나오는 것인가?

이 장의 나머지는 그 행동들을 다룬다.

3. 연합을 상대하는
가장 안전한 방법은 '문장'이다

연합을 정면으로 공격하면 왜 개인만 다칠까.

이 질문에 답하면, 연합을 다루는 법과 살아남는 법이 동시에 나온다. 연합은 비용을 분산할 수 있다. 개인은 비용이 집중된다. 연합을 공개적으로 비난하는 순간, 반격의 비용은 개인 한 사람에게 붙는다.

반면 반격은 여러 사람에게 분산된다. 연합은 이겨서 강한 게 아니다. 져도 크게 지지 않아서 강하다.

그럼 방법은 뭘까. 공격이 아니라 문장이다.

연합이 가장 강한 상태는 "연합이 아닌 척"할 때다. 연합이 드러나는 순간, 연합은 비용을 지불해야 한다.

조건을 말해야 하고,

약속을 공개해야 하고,

책임을 떠안아야 하고,

비난을 감수해야 한다.

숨은 연합은 공짜인데, 드러난 연합은 비싸다. 그래서 개인이 할 수 있는 가장 안전한 개입은 "비난"이 아니라 "질문"이다. 지금 일어나는 합의를 '말로 남게' 만드는 것이다.

아래는 이 판에서 바로 쓸 수 있는 문장 템플릿이다.

◎ 조건을 문장으로 만드는 질문

- "지금 이 방향으로 정리되는 이유를 한 문장으로 말하면 뭔가요?"
- "이 안을 지지하시는 분들은 어떤 조건에서 지지하시는 건가요?"
- "반대로 이 안이 안 되는 조건은 뭐죠?"
- "이 결론이 성립하려면 반드시 맞아야 하는 전제가 뭔가요?"

◎ 책임을 문장으로 만드는 질문

- "이 결정의 책임자는 누구로 명시하나요?"
- "실패했을 때 책임이 자동으로 귀속되는 역할이 있나요?"
- "이 안이 틀렸을 때, 누가 어떤 범위까지 책임지는지 적어둘까요?"

◎ 기한과 기본값을 문장으로 만드는 질문

- "오늘 못 정하면 기본값은 뭔가요? 현행 유지인가요, 보류인가요?"
- "다음 결정 시점은 언제로 박을까요?"
- "그때까지 못 정하면 무엇으로 자동 확정되죠?"

◎ 논쟁을 구조 조정으로 바꾸는 질문

- "지금은 정답을 고르기보다 기준을 합의하는 게 먼저 아닐까요?"
- "오늘은 우선순위만 정하고, 결선으로 가면 어떨까요?"
- "세 안을 다 검토하기 전에 1차로 두 개만 남겨보죠."

핵심은 상대를 몰아붙이는 게 아니다. 지금 일어나는 합의를 '문장'으로 남기는 것이다.

연합이 숨을 수 있는 이유는 조건이 문장으로 남지 않기 때문이다. 조건이 문장이 되는 순간, 연합은 갑자기 무거워진다. 이 게임에서 개인이 덜 다치면서도 판을 흔드는 가장 안전한 방식은 이것이다.

지금 일어나는 합의를 문장으로 만들자.

4. 선택지를 줄이면
게임이 다시 개인전에 가까워진다

연합은 "나쁜 의지"에서 생기는 게 아니라 "구조적 필요"에서 생긴다고 했다. 그렇다면 연합을 약하게 만드는 가장 강력한 방법도 구조다. 선택지를 줄여라.

선택지가 둘이면 과반이 생기고, 다수결은 빠르게 결론을 만든다. 선택지가 셋이면 과반은 깨질 수 있고, 그 순간부터 연합은 필수로 들어온다.

여기서 설계자의 레버와 참여자의 레버를 분리해보자.

◎ 설계자의 레버

- 결선 구조를 만들기(1차 압축 → 결선)
- 의제 게이트 만들기(올릴 수 있는 안건의 수 제한)

- 기본값 설계하기(못 정하면 무엇으로 확정되는가)
- 기한 설계하기(언제까지 다시 결정하는가)
- 책임 귀속 설계하기(기본값의 책임이 누구에게 붙는가)

◎ 참여자의 레버

개인은 선택지를 삭제할 권한이 없을 때가 많다. 하지만 질문을 압축할 권한은 있다.

A/B/C를 다루고 있다면, 먼저 질문을 바꿔라.

"우리는 A/B/C 중 무엇을 할까요?"가 아니라

"오늘은 우선순위만 정할까요?"

"세 안을 다 검토하죠"가 아니라

"1차로 두 개만 남겨서 결선으로 가죠."

"각 안의 장단점을 따져보죠"가 아니라

"오늘은 기준부터 합의하죠."

정답을 주장하지 말고, 판을 단순하게 만들어라. 단순해진 판에서는 연합이 약해진다.

5. 무승부가 길어지는 순간,
   개인은 구조적으로 불리해진다

무승부는 갈등의 반대가 아니다. 무승부는 "다시 하자"다. 그리고 "다시"는 반복을 만든다. 반복이 길어질수록 개인은 지치고 느슨해진다. 반대로 합의된 규칙은 피로해지지 않는다.

현실에서 무승부의 이름은 다양하다.

보류, 추가 검토, 재논의, 다음 회의로 넘김, "조금 더 보자".

설계자의 관점에서 무승부 처리 규칙은 권력 구조를 만든다. 무승부를 방치하면 결집은 시간을 먹고 자란다.

여기서 가장 중요한 문장을 하나 박아두자. 기본값은 중립이 아니다. 기본값은 누군가에게 이미 유리하다.

"못 정하면 현행 유지"는 중립처럼 보이지만, 현행이 유리한 집단에게는 이미 승리다. "추가 검토"는 열린 태도처럼 보이지만, 지금 판이 유리한 집단에게는 연장이다.

그래서 무승부에는 최소한 세 가지가 필요하다.

① 기한: 언제까지 다시 결정할 것인가
② 기본값: 그때까지 못 정하면 무엇으로 자동 확정되는가
③ 명시: 그 기본값의 책임이 누구에게 붙는가

개인의 관점에서는 더 단순한 생존 장치가 필요하다.

첫째, 기록하라. "오늘 결론이 보류된 이유"를 문장으로 남겨라.
둘째, 기한을 박아라. "다음 결정 시점"을 합의하라.
셋째, 조건을 명시하라. "무엇이 충족되면 결정되는지"를 적어라.

이건 멋진 전략이 아니다. 생존 장치다. 지연을 방치하는 순간부터, 개인은 구조적으로 불리해진다. 지연은 중립이 아니다. 지연은 연합에게 먹이다.

6. 책임이 흐려진 순간,
'도망'이 아니라 '범위'를 줄여라

연합이 강해지는 세 번째 조건은 책임이 흐려지는 것이다. 책임이 흐려지면 손실을 통제하는 전략이 더 유리해진다.

현실에서 가장 위험한 문장은 이거다.

"우리 모두의 결정이죠."

공동 책임은 공정해 보인다. 하지만 실패 비용은 대개 균등하게 나눠지지 않는다. 보통 약한 개인에게 집중된다.

설계자의 역할은 책임을 "양심"이 아니라 "룰"에 붙이는 것이다.

- 책임자 명시
- 실패 비용의 자동 귀속
- 나중에 회피할 수 없는 구조(시차 제거)

반면 개인이 할 수 있는 건 한 가지다. 내 이름이 어디에 붙는지를 관리하는 것이다. 문서에 이름이 들어가면 범위를 명시하라. 회의에서 동의했다면 전제를 붙여라. "동의"가 아니라 "조건부 동의"로 남겨라.

거리를 둔다는 건 떠난다는 뜻이 아니다. 대부분은 떠날 수 없다. 거리를 둔다는 건 범위를 줄이는 뜻이다. 내가 책임지는 범위를 줄이고, 조건을 적어두고, 나중에 뒤집히지 않게 만드는 것이다.

가장 위험한 판은 "아무도 책임지지 않는 판"이다. 그 판에서 손해는 대개 개인이 본다.

7. 연합을 제도 안으로 끌어들이거나,
떠날 준비를 하라

마지막에는 두 개의 선택지가 있다.

하나는 설계자의 선택이다.

연합을 없애는 대신, 연합이 숨지 못하게 만들어라.

조건을 공개하게 만들고,

기록을 남기게 만들고,

책임을 지게 만들고,

시간을 제한하고,

비용을 부과하라.

연합이 제도 안으로 들어오면 연합은 약해진다. 숨은 연합이 가장
강하고, 드러난 연합은 비싸다.

다른 하나는 개인의 선택이다.

판을 옮길 줄 알아야 한다. 하지만 '옮긴다'는 말은 가볍지 않다. 그래서 떠나기 전, 최소한의 3단계를 밟아라.

첫째, 문장으로 남겨라. 조건·책임·기한을 적어라.

둘째, 구조를 조정해봐라. 선택지를 줄이고, 기본값을 두고, 결선으로 보내라.

셋째, 그래도 바뀌지 않으면 이동하라.

떠나야 할 판의 신호는 분명하다.

결정이 항상 보류된다.

책임이 항상 흐려진다.

의제가 항상 바뀐다.

특정 소수의 합의가 항상 결과를 만든다.

문제를 제기한 개인이 항상 손해 본다.

그 판은 당신이 잘못해서가 아니라 구조가 불리한 것이다. 불리한 구조에서는 영웅이 되지 마라. 생존자가 되어라.

8. 요약:
연합을 읽는 사람이 덜 다친다

연합은 사라지지 않는다.

연합을 공격하면 개인이 다친다.

연합을 약하게 만드는 가장 안전한 방식은, 연합을 문장으로 드러내는 것이다.

판을 단순하게 만들면 연합은 약해진다.

무승부가 길어지면 개인은 불리해진다.

기본값은 중립이 아니다.

책임이 흐려지면 범위를 줄여야 한다.

판을 바꿀 수 없으면 판을 옮겨라.

그리고 이 장을 닫는 한 문장은 이거다.

이 게임은 이기는 사람이 아니라, 같은 방식으로 두 번 지지 않는 사람이 살아남는 게임이다.

다음 장부터는 이 전략을 더 구체적인 환경으로 확장해보려 한다. 특히 플랫폼은 이 게임을 자동화했고, 연합을 더 빠르고 더 강하게 만든다.

이제 "연합의 시대"는 인간의 작전이 아니라 시스템의 환경이 된다.

9장

연합은 이제
전략이 아니라 환경이다

부제: 들어가는 순간 이미 시작되는 게임

우리는 연합을 '행동'이라고 생각한다. 누군가가 사람을 모으고, 뒤에서 협상하고, 조건을 맞추고, 편을 가르는 것. 그래서 연합을 보면 늘 이렇게 말한다.

"저 사람들끼리 짜고 치는 거 아니야?"

"정치질이네."

"뒤에서 손잡았네."

하지만 이제 그 상상은 절반만 맞다. 연합은 여전히 존재한다. 다만 연합이 만들어지는 방식이 바뀌었다. 연합은 더 이상 누가 짜는 전략이 아니라, 들어가면 깔려 있는 환경이 되었다.

이 장은 플랫폼 이야기만 하려는 게 아니다. 조직, 정치, 커뮤니티, 시장까지 포함해 우리가 사는 '현대의 판'에서 벌어진 전환을 말하려는 장이다.

연합이 전략이던 시대에서, 연합이 환경이 된 시대로.

가위바위보- 소수가 다수를 이긴다

여기서 "전략"과 "환경"의 차이를 먼저 한 번 정의하자.

전략으로서의 연합은 누가 모였는지가 보인다.

환경으로서의 연합은 모이지 않아도 같은 방향으로 밀린다.

전략은 행동이고, 환경은 기본값이다. 전략은 "누가 했냐"를 묻지만, 환경은 "들어오면 이미 그렇다"로 시작한다.

그리고 전략에서 환경으로의 전환은 한 가지를 바꾼다. 연합을 '비난'하는 방식으로는 더 이상 설명도, 대응도 되지 않는다는 점이다.

1. 연합의 지위가 바뀌었다

예전의 연합은 이벤트에 가까웠다. 특정 순간에 필요해서, 특정 목적을 위해 만들어지고, 일이 끝나면 흩어졌다. 연합은 사람들의 선택이고 기술이었다.

지금은 반대다. 연합은 선택이 아니라 전제가 된다. 연합을 짜지 않아도, 이미 어딘가에 속해 있고, 이미 어떤 팀으로 분류되고, 이미 어떤 흐름에 얹혀 있다.

우리는 "나는 중립이야"라고 말하지만, 구조는 대개 중립을 허용하지 않는다. 중립은 입장이 아니라 공백이고, 공백은 빠르게 채워진다. 공백을 채우는 힘은 대개 결집한 쪽에 있다. 그러니까 중립은 종종 "안전한 쪽으로의 편입"으로 끝난다.

이게 연합의 지위가 바뀌었다는 뜻이다. 연합은 이제 "누가 만들었는가"를 묻기 전에, "이미 깔려 있지 않은가"를 먼저 봐야 한다. 그리고 여기서부터 연합은 더 무서워진다.

전략으로서의 연합은 들키면 비용을 치른다. 반면 환경으로서의 연합은 들킬 필요가 없다. 그냥 존재하기 때문이다.

2. 환경이 되면, 연합은 보이지 않는다

전략으로서의 연합은 흔적이 남는다. 누가 누구를 만났는지, 어떤 조건을 주고받았는지, 어떤 약속이 오갔는지. 최소한 "조작"처럼 보이는 흔적이 생긴다.

하지만 환경으로서의 연합은 다르다. 그건 음모처럼 보이지 않는다. 오히려 자연처럼 보인다.

"원래 분위기가 이렇잖아."

"다들 그렇게 생각하잖아."

"이쪽이 상식이지."

"그건 너무 튄다."

이 문장들이 등장하면, 연합은 이미 사람들의 의식 밖으로 내려간다. 연합이 '누군가의 작전'이 아니라 '공기'가 되는 순간이다.

환경형 연합에는 세 가지 특징이 있다.

첫째, 익명성. 누가 만들었는지 흐려진다.

둘째, 자동성. 신호가 오면 결집이 자동으로 일어난다.

셋째, 자기증폭. 붙는 쪽이 더 붙게 만드는 피드백이 돌아간다.

그래서 환경형 연합은 의지보다 피드백으로 유지된다.

8장에서 말했듯, 연합은 숨을수록 강하다. 그리고 환경이 된 연합은 거의 숨을 필요가 없다. 숨지 않아도 안 보이기 때문이다. 가장 위험한 권력은 가장 크게 떠드는 권력이 아니다. 가장 위험한 권력은 아무도 권력이라고 부르지 않는 권력이다.

3. 들어가는 순간 이미 팀이 나뉜다

연합이 환경이 되면, 팀은 결정의 순간에 나뉘지 않는다. 팀은 입장하는 순간 나뉜다.

조직에 들어가면 역할이 생기고, 역할은 이해관계를 만든다. 커뮤니티에 들어가면 문화가 있고, 문화는 금기를 만든다. 플랫폼에 들어가면 피드가 있고, 피드는 노출의 방향을 만든다.

여기서 중요한 건, 누가 의식적으로 편을 가르지 않아도 된다는 점이다. 구조가 이미 분류한다.

그리고 더 중요한 건 이것이다. 침묵도 팀이 된다.

이 말이 감정적 표현처럼 들릴 수도 있다. 하지만 현실에서는 매우 구체적으로 나타난다.

회의에서 한 사람이 조심스럽게 반대를 말한다. 내용은 맞다. 논리도 있다. 그런데 방 안은 조용해진다. 누군가는 화면을 본다. 누군가는 노트북을 두드린다. 누군가는 물을 마신다. 회의는 끝나고, 그 사람에게 메시지가 온다.

"말은 맞는데… 굳이 그걸 거기서 말할 필요가 있었나?"

"요즘 분위기 알잖아."

"지금은 때가 아닌 것 같아."

다음 회의에서 그 사람의 발언은 짧아진다. 그다음 회의에서는 아예 말을 줄인다.

침묵은 중립이 아니라 방어다. "나만 아니면 돼"는 개인 생존 전략이지만, 그 개인 생존 전략이 쌓이면 집단 생존 전략이 된다.

연합이 환경이 되면, 개인은 선택하지 않아도 선택된 상태가 된다. 그래서 늦게 눈치챈 개인이 늘 같은 방식으로 당한다.

결론의 순간에 논리를 들이밀지만, 그때는 이미 팀이 나뉘어 있다.

4. 환경이 만드는 신호:
다수는 늦게 온다

민주주의의 언어도, 시장의 언어도 결국 다수를 전제로 한다. "많은 사람이 원한다", "대세다", "민심이다", "시장 선택이다." 하지만 연합이 환경이 되면 다수는 이상한 형태로 바뀐다.

다수는 먼저 오지 않고 늦게 온다. 다수는 어떤 입장에 처음부터 결집한 집단이 아니다. 다수는 신호를 보고 이동하는 집단이다. 그러니까 다수는 의견이 아니라 이동이다. 그 신호는 대개 이런 문장으로 나타난다.

"이쪽이 이길 것 같다."

"이쪽이 안전하다."

"이쪽이 표준이다."

"이쪽이 손해가 덜할 것 같다."

환경은 이 신호를 만들고, 신호가 생기면 다수는 이동한다. 그래서 어떤 현상은 "다수가 원해서" 생긴 것처럼 보이지만, 실제로는 "다수가 안전을 찾아 이동한 결과"일 때가 많다. 이때 다수는 실체라기보다 그림자가 된다. 빛이 어디에 비추는지에 따라 길어졌다가 짧아지는 그림자.

연합이 환경이 되면, 다수는 독립된 힘이 아니라 환경이 만들어낸 착시가 되기도 한다. 그리고 그 착시는 늘 "자연스러움"이라는 얼굴을 하고 나타난다.

5. 개인 전략이 무력해지는 이유

여기서 많은 사람이 절망한다.

"그럼 개인은 아무것도 못 하는 건가?"

"말을 맞게 해도 지는 건가?"

"팩트와 논리가 소용없는 건가?"

이 질문은 정당하다. 그리고 답은 불편하다.

개인의 논리는 개인에게는 완벽할 수 있다. 하지만 환경은 개인의 논리를 평가하지 않는다. 환경은 패턴을 평가한다.

논리는 "왜냐하면"으로 시작한다. 환경은 "그냥"으로 끝난다.

논리는 설득을 필요로 한다. 환경은 노출만 필요로 한다.

환경이 원하는 것은 한 사람의 설득력이 아니다. 환경이 원하는 것은 반복 가능한 행동이다.

쉽게 클릭되는 것.

쉽게 공유되는 것.

쉽게 합의되는 것.

쉽게 공격되는 것.

쉽게 방어되지 않는 것.

연합이 환경이 되면 '옳음'은 느리고 '흐름'은 빠르다. 개인이 논리로 싸우는 동안, 환경은 이미 다음 라운드를 시작한다. 이게 "잘해도 지는 게임"의 정체다. 당신이 못해서가 아니다. 당신이 개인전의 무기를 들고, 환경의 판에 들어갔기 때문이다.

그래서 8장이 필요했다.

연합을 공격하지 말고 드러내라.

선택지를 줄여라.

무승부를 길게 두지 마라.

기본값을 박아라.

책임이 흐려지면 범위를 줄여라.

필요하면 판을 옮겨라.

이건 윤리 강령이 아니다.

환경 속에서의 생존 규칙이다.

6. 같은 엔진, 다른 피부:
조직·정치·플랫폼

연합이 환경이 되었다는 말을 플랫폼 이야기로만 오해하면 안 된다. 플랫폼은 대표적인 사례일 뿐, 같은 엔진은 여러 곳에서 돌아간다.

조직에서는 "다들 동의하시죠"가 신호다. 그 문장이 나오면 토론이 끝난다. 결론이 나서가 아니라, 결론이 이미 밖에서 맞춰졌기 때문이다.

그리고 조직의 환경은 보통 이렇게 설계돼 있다. 의제를 올리는 사람이 있고, 의제를 거르는 문턱이 있고, 결론이 안 나면 현행이 유지된다.

즉, 조직의 연합은 '회의장'에서만 만들어지지 않는다. 회의장의 밖-의제, 기한, 기본값, 책임 구조-에서 더 많이 만들어진다.

정치에서는 "상식"이 신호다. 한 이슈가 상식이 되는 순간, 반대는 논리 이전에 비용이 된다.

그리고 정치의 환경은 룰로 고정된다. 결선투표가 있느냐 없느냐, 승자독식이냐 비례냐, 진입 장벽이 높으냐 낮으냐. 룰이 바뀌면 연합의 방식도 바뀐다. 그러니까 정치의 연합은 사람의 성향보다 제도의 피부에 더 가깝다.

플랫폼에서는 "노출"이 신호다. 트렌딩에 뜨고, 추천이 반복되고, 댓글이 몰리고, 신고가 쌓인다.

여기서 중요한 건 속도다. 정치와 조직은 느려도, 플랫폼은 빠르다. 신호 생성이 빠르고, 이동이 자동으로 일어난다. 그래서 플랫폼에서는 연합이 "행동"이 아니라 "반사"처럼 보인다.

분야는 다르지만, 엔진은 같다. 연합은 테이블 위에서만 만들어지지 않는다. 연합은 테이블 자체의 기울기에서 나온다.

7. 환경은 어떻게 연합을 강화하는가

연합이 환경이 되었다는 말은, 연합이 더 강해졌다는 말이기도 하다. 왜 강해졌는가? 사람들의 악의가 늘어서가 아니다. 비용 구조가 바뀌었다.

환경은 세 가지를 바꾼다.

첫째, 결집 비용을 낮춘다.
예전에는 모여야 결집했다. 지금은 같은 신호만 봐도 결집한다. 같은 문장, 같은 적, 같은 행동을 맞추는 비용이 줄었다.

둘째, 반대 비용을 높인다.
반대는 논리가 아니라 비용이다. 고립될 위험, 표적이 될 위험, 시간이 소모될 위험. 환경은 이 비용을 키운다. 그래서 많은 사람은 반대하지 않고 침묵한다.

셋째, 이탈 비용을 높인다.

환경이 굳으면, 다른 판으로 옮기는 것도 어려워진다. 조직에서는 인사·평가·관계가, 정치에서는 정체성이, 플랫폼에서는 팔로우·추천·알고리즘이 이동 비용이 된다.

결집은 싸졌다. 반대는 비싸졌다. 이탈은 어려워졌다. 그래서 연합은 행동이 아니라 기본값이 된다.

8. 우리는 왜 '조종당한다'고 느끼는가

사람들이 조직을 보며, 정치판을 보며, 플랫폼을 보며 자주 하는 말이 있다.

"뭔가 조종당하는 느낌인데?"

이 느낌은 꼭 누군가가 조종해서만 생기지 않는다. 오히려 조종이 없어도 생긴다. 이유는 간단하다. 우리는 자유의지를 '선택의 순간'에서 느낀다. 그런데 환경이 선택의 순간을 만들거나 지워버리면, 사람은 자유를 빼앗긴 것처럼 느낀다.

내가 고른 것 같은데, 사실은 노출된 것만 골랐다.

내가 결정한 것 같은데, 사실은 늦게 합류했다.

내가 판단한 것 같은데, 사실은 안전을 택했다.

그래서 사람은 누군가를 의심한다. 하지만 더 정확한 표현은 이거다. 나는 조종당한 게 아니라, 설계된 환경에서 합리적으로 행동했을 뿐이다.

가위바위보- 소수가 다수를 이긴다

문제는 "누가 조종했나"가 아니라 "조종 없이도 조종처럼 보이게 만드는 환경이 무엇인가"다.

9. 이 장의 핵심:
환경은 악의 없이도 폭력적이다

환경은 설명하지 않는다. 환경은 설득하지 않는다. 환경은 그냥 그렇게 되게 만든다.

그래서 환경은 폭력적일 수 있다. 누군가 때려서가 아니라, 안전한 선택의 방향이 한쪽으로만 열려 있기 때문이다. 누군가 억압해서가 아니라, 반대의 비용이 너무 크기 때문이다.

이 장에서 말하고 싶은 건 비관이 아니다. 오히려 현실적 경고다.

연합을 '음모'로만 보면, 우리는 계속 늦는다. 연합이 환경이 된 시대에는, 적을 찾는 대신 레버를 찾아야 한다. 레버는 사람의 마음이 아니라 구조 안에 있다. 룰, 노출, 기본값, 기한, 책임의 방식-이것들이 환경을 만든다.

환경을 욕해도 환경은 바뀌지 않는다.

바뀌는 건 레버뿐이다.

10. 다음 장으로:
환경을 설계하는 기계들

연합이 환경이 되었다면, 그 환경은 무엇으로 만들어졌는가?

다음 장에서는 그 "기계"를 다룬다. 정치의 제도, 조직의 프로세스, 플랫폼의 알고리즘.

이제 연합은 사람이 모여서 만드는 전략만이 아니다. 연합은 자동화된 룰, 자동화된 노출, 자동화된 신호가 만들어내는 결과다.

그리고 그 기계를 이해하면, 다시 선택지가 생긴다.

기계에 휘둘릴 것인가.

기계를 설계할 것인가.

혹은 기계가 만든 판에서 최소한 덜 다치며 살아남을 것인가.

10장으로 이어가자.

환경을 만드는 기계들

----

1. 환경은 자연이 아니다

우리는 환경을 자연처럼 말한다.

"요즘 분위기가 그래."

"흐름이 이쪽이야."

"대세가 정해졌지."

이 말들은 설명처럼 들리지만, 실제로는 포기 선언에 가깝다. 환경을 자연이라고 부르는 순간, 우리는 더 이상 책임을 묻지 않고, 설계를 상상하지도 않는다.

하지만 9장에서 봤듯, 연합이 '환경'이 된 시대의 환경은 자연이 아니다. 그것은 작동 중인 시스템이다. 누군가가 만들었거나, 최소한 어떤 규칙이 끊임없이 굴리며 유지하고 있다. 환경은 그냥 존재하는 게 아니라 생성된다. 그리고 생성된 환경은 다시 사람들의 행동을 바꾸고, 바뀐 행동이 환경을 더 단단하게 만든다. 여기서 중요한 단어는 "선의"도 "악의"도 아니다. 중요한 단어는 반복이다.

사람의 마음은 바뀌고 흔들리지만, 규칙은 매일 같은 방식으로 굴러간다. 오늘 당신이 지친 이유와 상관없이, 시스템은 오늘도 같은 기준으로 신호를 읽는다.

오늘날 많은 갈등이 "사람 문제"로 해결되지 않는 이유가 여기에 있다. 사람을 바꾸는 건 느리고, 환경은 빠르다. 사람을 설득하는 데는 시간이 걸리지만, 환경은 그 시간 동안에도 결론을 찍어버린다.

이 장에서는 그 환경을 만드는 '기계'를 꺼내 보겠다. 기계라고 해서 꼭 알고리즘만을 뜻하지 않는다. 조직의 프로세스도 기계고, 정치의 절차도 기계고, 플랫폼의 추천도 기계다.

공통점은 하나다. 사람의 의도가 아니라, 규칙의 반복으로 환경을 만든다. 그리고 그 규칙은, 의도와 무관하게 연합에게 유리한 방향으로 작동하기 쉽다. 연합이 더 똑똑해서가 아니라, 연합이 기계가 좋아하는 형태를 띠기 때문이다.

2. 기계는 반복을 신호로 읽는다

기계는 사람처럼 섬세하게 판단하지 않는다. 기계가 좋아하는 것은 단순하다.

예측 가능성.
반복 가능성.
명확한 신호.

기계는 "누가 더 진심인가"를 모른다.
기계는 "누가 더 옳은가"도 판단하기 어렵다.
하지만 기계는 "무엇이 더 자주 반복되는가"는 아주 잘 본다.
환경전의 핵심은 여기에 있다.
환경은 "가장 옳은 선택"을 보상하지 않으며, "가장 반복 가능한 선택"을 보상한다.

그래서 연합은 기계에 잘 맞는다. 연합이 하는 일은 대개 하나다. 같은 행동을 반복한다. 같은 문장을 반복하고, 같은 적을 반복해서 만들고, 같은 방식으로 몰아주고, 같은 방식으로 밀어붙인다. 이 반복은 개인에게는 피로를 준다. 하지만 기계에게는 신호가 된다.

반대로 개인은 들쭉날쭉하다. 하루는 화가 나고, 하루는 지치고, 하루는 바쁘다. 오늘은 확신했지만, 내일은 회의한다. 개인의 행동은 고르지 않고 신호는 약해진다.

그래서 환경은 점점 이렇게 굳는다. 반복 가능한 집단 행동은 계속 살아남고, 고르지 않은 개인 행동은 점점 걸러지고, 환경은 "반복하는 쪽"의 색으로 칠해진다.

여기엔 음모가 없어도 된다. "연합을 밀자"는 합의가 없어도 된다. 기계는 그저 반복을 보상할 뿐인데, 그 반복을 가장 잘 만들어내는 형태가 연합이라서, 결과적으로 연합은 자동으로 강화된다.

이 장의 바닥에는 아주 단순한 문장이 깔려 있다. 규칙은 피로해지지 않는다. 사람은 지치고 흐트러지지만, 규칙은 그 상태를 '약한 신호'로 읽고 더 밀어낸다. 환경은 이렇게 사람을 바꾸는 게 아니라, 사람을 골라낸다.

3. 지표는 신호를 권력으로 번역한다

기계는 말로 움직이지 않는다. 기계는 숫자로 움직인다. 조직에는 KPI, OKR, 평가 점수, 처리량, 매출과 비용이 있다. 정치에는 득표율, 지지율, 의석 수가 있다. 플랫폼에는 클릭률, 체류시간, 재생 완료율, 공유 수가 있다.

중요한 건 "지표가 있다"가 아니다. 중요한 건 지표가 언어가 되는 순간이다. 지표가 언어가 되면 이런 일이 벌어진다.

"좋은가?"가 아니라 "올랐나?"가 된다.

"맞는가?"가 아니라 "먹히나?"가 된다.

"필요한가?"가 아니라 "보이나?"가 된다.

지표는 현실을 측정하는 도구 같지만, 실제로는 현실을 유도한다. 사람들이 지표로 평가받기 때문이다. 평가가 지표에 붙는 순간, 지표는 목표를 대체한다. 그리고 목표가 바뀌면 행동이 바뀐다. 사람들은 '좋은 결과'를 만들기보다 '좋아 보이는 숫자'를 만들기 시작한다.

이때 연합이 강해지는 이유는 단순하다. 연합은 지표를 올리기 쉬운 행동을 합의할 수 있기 때문이다. 개인은 혼자서 흔들리지만, 연합은 역할을 나눈다.

누군가는 밀고,
누군가는 지고,
누군가는 방어하고,
누군가는 공격한다.

여기서 중요한 것은, "지는 역할"조차 합리적인 선택이 된다는 점이다. 전체 지표의 합이 보상받는 구조에서는, 개인의 손해가 집단의 성과로 바뀔 수 있기 때문이다.

예를 들어 조직에서는 이런 장면이 생긴다. 한 팀은 단기 매출을 밀어 지표를 올리고, 다른 팀은 리스크를 떠안아 사고를 막고, 누군가는 외부 비난을 받으며 방패가 된다. 개별적으로 보면 불합리해 보이지만, 집단으로 보면 그것은 비용의 분배다.

연합은 여기서 도덕이 아니라 기술이 된다. 지표가 언어가 되는 순간, 손실 분담은 "착한 희생"이 아니라 "합리적 기능"이 된다.

그리고 그 기능은 기계에 의해 더 강하게 보상된다. 왜냐하면 기계는 '누가 억울한지'를 모르고, 오직 '숫자가 올라갔는지'만 알기 때문이다.

4. 자동 결론 장치는 신호를 결정으로 바꾼다

결론이 늘 사람의 숙고에서 나오던 시대가 있었다. 하지만 지금은 결론을 대신 내려주는 장치가 곳곳에 붙어 있다.

자동 우선순위,

자동 배정,

자동 정렬,

추천과 랭킹,

승인/거절의 자동 규칙.

겉보기엔 효율 장치다. 하지만 구조적으로는 "무승부를 처리하는 장치"다. 결론이 나지 않는 시간을 줄이기 위해, 시스템은 결론을 자동으로 밀어 넣는다. 무승부가 길어지면 비용이 생기기 때문이다. 운영 비용, 검토 비용, 책임 비용, 지연 비용.

그래서 시스템은 묻는다.

"무엇이 더 맞나?"가 아니라,

"무엇이 더 쉽게 결론이 되나?"

여기서 중요한 사항은 이것이다. 자동 결론 장치는 '최선'을 고르지 않는다. '가장 신호가 강한 것'을 고른다. 기계는 "맞음"을 판단하기 어렵다. 하지만 "반응"은 판단하기 쉽다. 그래서 자동 결론은 반응을 따른다.

그러면 어떤 반응이 이기나. 반복되고 결집된 반응이 이긴다. 여기서 환경은 한 번 더 굳는다.

결집된 반응이 신호가 되고, 신호가 자동 결론을 만들고, 자동 결론이 노출과 자원을 배분하고, 배분이 다시 결집을 강화한다.

이 구조는 한 번 돌기 시작하면 스스로 멈추지 않는다. 왜냐하면 각 단계가 다음 단계를 정당화하기 때문이다.

"반응이 좋으니 노출했다."

"노출했으니 더 반응이 나온다."

"반응이 나오니 더 밀어도 된다."

이게 기계가 만드는 '자연스러움'이다.

자연스러워 보이지만, 사실은 자동화된 결론 장치가 만든 경로다. 여기에도 악의가 없어도 된다.

무승부를 처리하려다 보니 "측정 가능한 신호"에 의존하게 되었고, 그 신호를 가장 잘 만드는 쪽이 연합이기 때문이다.

5. 책임이 증발하는 순간,
환경은 더 폭력적으로 된다

자동화된 시대에 사람들이 가장 자주 듣는 문장이 있다.

"시스템이 그렇게 했어요."

이 문장이 위험한 이유는, 그것이 종종 사실이기 때문이다. 누구도 결정하지 않았는데 결과는 나왔다. 그래서 누구도 책임지지 않는다. 회의록에는 "합의"라고 적혀 있는데, 누가 합의했는지는 없다. 추천은 강하게 밀렸는데, 누가 추천했는지는 없다. 정책은 바뀌었는데, 누가 그 순간 버튼을 눌렀는지는 없다.

책임이 사라지면 실패는 반복된다. 실패가 반복되면 사람들은 더 강하게 결집한다.

"우리가 뭉치지 않으면 또 당한다."

"한 명이 나서면 희생된다."

"책임은 어차피 안 생긴다."

책임 공백은 연합을 강화하는 토양이 된다. 조직에서는 프로세스가 책임을 희석한다. 승인 라인이 길어질수록 결정자는 사라지고, 위원회가 많아질수록 책임은 공중으로 뜨고, 지표만 남을수록 "지표가 그렇게 말했다"가 된다.

정치도 비슷하다. 절차가 길고 분산될수록 "누가 이걸 결정했지?"가 흐려진다. 플랫폼은 더 극단적이다. 알고리즘은 얼굴이 없고, 비난은 흩어지고, 수정은 늦어진다.

여기서 환경은 더 폭력적으로 된다. 폭력은 누군가가 소리치기 때문에 생기지 않는다. 폭력은 아무도 책임지지 않는데도 결과가 확정되기 때문에 생긴다. 누군가가 반대하면, 그 사람만 튄다. 누군가가 문제를 제기하면, 그 사람만 피곤해진다. 반면 시스템은 "작동"을 멈추지 않는다.

책임이 증발한 자리에서 남는 것은 규칙의 반복과 결집의 강화다. 그리고 그 결집은 "악"이라기보다 "보험"이 된다.

6. 같은 기계가 조직·정치·플랫폼에서 다른 이름으로 돌아간다

플랫폼이 특별해서가 아니다. 플랫폼이 가장 빠르게 보일 뿐이다. 같은 기계는 조직과 정치에서도 돌아간다.

- 조직: 프로세스·평가·결재 루프
- 정치: 제도·일정·절차
- 플랫폼: 필터링·추천·랭킹

조직을 보자. 프로세스는 결정을 자동화하고, 평가는 지표를 강제하며, 결재 루프는 보류와 책임 분산을 상수로 만든다. 이 조합은 의도와 상관없이 특정 행동을 반복 보상한다.

정치를 보자. 일정은 의제를 고정하거나 이동시키고, 절차는 지연을 만들거나 결론을 강제하며, 제도는 어떤 결집이 유리한지 결정한다. 정치가 "사람 문제"처럼 보이는 이유는 기계가 너무 크고 느려서 잘 안 보이기 때문이다.

플랫폼을 보자. 필터링은 판을 만들고, 추천은 무승부를 처리하며, 랭킹은 지표를 권력으로 바꾼다. 플랫폼은 이 기계를 가장 압축된 형태로 보여준다.

세 영역의 공통점은 하나다.

사람이 판단하는 것처럼 보이지만, 실제로는 규칙이 판단을 대신한다. 그리고 규칙은 언제나 한쪽을 더 보상한다. 그 한쪽이 반드시 "나쁜 집단"이라서가 아니다. 그 한쪽이 기계가 좋아하는 형태-반복, 결집, 명확한 신호-를 더 잘 만들기 때문이다.

7. 환경이 굳는 이유는
'처음'과 '비용' 때문이다

환경은 한 번 만들어지면 왜 되돌리기 어려울까. 대부분은 세 가지로 정리된다.

① 초기 조건
② 경로 의존성
③ 변경 비용의 비대칭

처음 정한 기준이, 기준이 된다. 한 번 난 길은 계속 밟힌다. 바꾸는 건 비싸고, 두는 건 싸다.

초기에 어떤 기준이 들어가면, 그 기준이 만든 결과가 다시 "증거"가 된다.

"봐, 이쪽이 맞았잖아."

가위바위보– 소수가 다수를 이긴다

하지만 그 '맞음'은 종종 기준이 만든 결과일 뿐이다. 결과가 쌓이면 경로가 생기고, 경로가 생기면 사람들은 익숙한 길로 움직인다. 익숙한 길은 더 안전해 보이고 더 표준이 된다. 표준이 되면 다시 신호가 강해진다. 신호가 강해지면 기계는 그 길을 더 밀어준다.

이렇게 환경은 스스로 증명하며 유지된다. 결국 환경은 누가 지켜서 유지되는 게 아니라, 비용 구조가 그렇게 만들어서 유지된다.

바꾸는 사람은 비용을 내야 하고, 유지하는 사람은 비용을 안 내도 되기 때문이다. 그래서 환경은 늘 보수적이다. 새로운 선택지는 등장해도, 환경은 기존 선택지에 힘을 더 싣는다.

연합이 강해지는 이유도 여기 있다. 연합은 변경 비용을 분담할 수 있기 때문이다. 개인은 비용이 두렵고, 연합은 비용을 나눌 수 있다.

8. 기계는 중립이 아니다

여기서 가장 중요한 문장을 꺼내야 한다. 기계는 중립이 아니다.

중립은 기준이 없을 때만 가능하다.

그런데 기계는 반드시 어떤 기준으로 작동해야 한다. 그리고 기준은 반드시 누군가에게 유리하다.

반복 가능한 행동을 보상하는 기준은 결집에 유리하다. 측정 가능한 지표를 보상하는 기준은 지표를 다룰 수 있는 쪽에 유리하다. 자동 결론 장치는 신호를 만드는 쪽에 유리하다. 책임 공백은 책임을 지지 않는 쪽에 유리하다.

이 모든 것은 의도를 필요로 하지 않는다. 누가 "연합을 강화하자"고 말하지 않아도, 구조가 그렇게 되게 만든다.

여기서 자동화는 기술 문제가 아니다. 자동화는 권력 배분 장치다.

더 정확히 말하면, 자동화는 이렇게 묻는다.

"누가 옳은가?"가 아니라 "누가 더 쉽게 신호를 만들 수 있는가?"

그리고 그 질문은 대부분 연합에게 유리하게 답이 난다.

9. 이 장의 핵심:
환경은 스스로 유지된다

환경은 설명되지 않는다.

환경은 설득되지 않는다.

환경은 작동한다.

사람이 개입하지 않아도 굴러간다. 그래서 더 강하고, 그래서 더 위험하다. 연합이 전략이던 시대에는, 연합을 해체하면 판이 바뀌었다. 하지만 연합이 환경이 된 시대에는, 연합을 해체해도 환경이 남는다. 남은 환경은 다시 새로운 연합을 만들어낸다.

이게 오늘날 많은 싸움이 "사람을 바꿔도" 해결되지 않는 이유다. 사람을 바꾸는 건 느리고, 환경은 빠르다.

환경은 개인을 설득하지 않는다. 환경은 개인을 선별한다. 반복 가능한 행동을 하는 집단을 남기고, 흔들리는 개인을 떨어뜨린다.

그래서 우리는 자주 이런 착각을 한다.

"저 사람들은 원래 강했어."

하지만 더 정확한 말은 이거다. "저 사람들은 기계가 보상하는 행동을 반복했어. 그래서 환경이 그들을 강하게 만들었어."

10. 다음 장으로:
기계에 손을 넣는 법
....

여기까지 오면 독자는 이런 질문을 하게 된다.

"이 기계가 이렇게 강하면, 우리는 뭘 할 수 있지?"

"결국 다 무력한 거 아냐?"

아니다. 할 수 있는 일이 있다. 다만 그 일은 선한 의지로 버티는 게 아니라, 개입 가능한 지점을 찾는 일이다.

환경은 작동한다. 하지만 환경도 레버를 갖고 있다.

지표를 바꾸거나, 지표의 해석을 바꾸는 법.

무승부 처리 규칙을 바꾸는 법.

책임 공백을 줄이는 법.

판의 크기와 분할을 조정하는 법.

그리고 개인이 이 환경에서 덜 다치며 움직이는 법.

다음 장에서는 그 선택지를 정리하겠다.

사람을 설득하는 기술이 아니라, 기계에 꽂을 수 있는 레버를 꺼내는 기술로.

환경은 자연이 아니다. 환경은 시스템이다.

그리고 시스템은, 설계될 수 있다.

11장

그래서, 무엇을 바꿀 수 있는가

부제: 개입 가능한 지점들

이 책은 사람을 바꾸는 법을 말하지 않았다. 판을 바꾸는 법을 말해왔다. 8장에서 우리는 판 안에서 덜 다치는 법을 배웠고, 9~10장에서 판이 어떻게 굳는지 봤다. 이제 마지막 질문만 남는다. 그래서 무엇을 바꿀 수 있는가.

룰을 바꾸면 설계자고, 룰을 읽으면 생존자다. 이 장은 그 둘이 함께 볼 수 있는 지도다. 같은 레버를, 서로 다른 위치에서 당겨보는 방법이다.

1. 바꿀 수 없는 것부터 인정하자

먼저 바꿀 수 없는 것부터 말하자. 이걸 인정하지 않으면 우리는 또다시 "도덕으로 해결하기"를 반복하게 된다.

사람의 본성은 잘 바뀌지 않는다. 이기고 싶어 하고, 손해 보기 싫어하고, 안전한 쪽으로 이동한다.

연합도 사라지지 않는다. 선택지가 셋 이상이면 연합은 구조적으로 등장한다. 어떤 판에서는 연합이 "정치질"처럼 보이지만, 사실은 생존 기술이다.

환경은 완벽하게 공정해지지 않는다. 환경은 늘 누군가에게 유리하고 누군가에게 불리하다. 완전한 중립은 상상에 가깝다. 기계는 기준을 가져야 하고, 기준은 반드시 한쪽을 더 밀기 때문이다.

그래서 이 장의 전제는 단순하다. 바꿀 수 없는 것을 포기하고, 바꿀 수 있는 것만 건드린다. 사람을 바꾸려 하지 말고, 사람이 움직일 수밖에 없는 구조를 바꾼다.

2. 개입의 3단계:
관찰·설계·이동

개입은 거창한 혁명으로만 일어나지 않는다. 대부분은 세 단계로 이루어진다. 설계자에게도, 개인에게도 공통이다.

1) 1단계: 관찰 - 지금 이 판이 어떤 판인지 읽는다

- 결론이 자주 미뤄지는가?
- 선택지가 계속 늘어나는가?
- 책임이 늘 흐려지는가?
- 지표가 목적을 대체했는가?
- "대세"가 논리보다 빠른가?

가위바위보- 소수가 다수를 이긴다

'예'가 많을수록 당신은 개인전이 아니라 환경전을 하고 있다. 환경전에서는 설득보다 구조가 승부를 만든다. 관찰은 감이 아니라 질문으로 시작하면 된다.

이 판의 기본값(default)은 무엇인가? 못 정하면 어디로 가나?

무승부는 "더 논의"로 끝나는가, 아니면 결선으로 압축되는가?

결정의 기한은 존재하는가? 기한이 없으면 누가 시간을 이익으로 바꾸는가?

내 이름은 어디에 붙는가? 결정권 없이 책임만 붙는 구조인가?

관찰은 판을 비난하기 위한 게 아니다. 판의 레버가 어디 있는지 찾기 위한 것이다.

2) 2단계: 설계 - 레버를 건드릴 수 있는 위치를 찾는다

설계를 한다는 건 거창한 입법이 아니다. 회의의 규칙을 바꾸는 것도 설계고, 지표를 바꾸는 것도 설계고, 무승부 처리 방식을 바꾸는 것도 설계다.

설계의 핵심은 "옳은 말"이 아니라 "작동하는 규칙"이다. 그리고 규칙은 문장으로 고정될 때 힘을 가진다.

"오늘은 방향만 결정한다."

"기한은 ○월 ○일까지."

"그때까지 미결이면 기본값은 A로 자동 확정."

"결정자는 ○○, 책임자는 ○○(같거나 다르면 이유를 명시)."

문장이 생기면 숨은 연합은 비싸진다. 숨은 합의가 "문장으로 남는 합의"로 바뀌기 때문이다.

3) 3단계: 이동 - 설계가 불가능하면 판을 바꾼다

환경이 너무 굳어 있고, 개입할 레버가 없고, 책임이 사라진 구조라면 남는 선택지는 하나다. 판을 옮긴다. 이동은 패배가 아니다. 이동은 생존이고, 때로는 가장 고급인 전략이다. 모든 판을 고칠 수는 없다. 하지만 모든 판에 남아 있을 필요도 없다. 특히 "내 이름이 책임에 붙는데, 결정권은 없다"면 그건 구조적으로 위험한 자리다. 그 판은 당신에게 레버를 주지 않고 비용만 준다.

3. 레버 1. 속도에 개입하라

결론을 앞당기면 연합은 약해진다. 연합이 강해지는 조건 중 하나는 늘 같다. 시간. 결론이 늦어질수록 결집은 자라고, 개인은 지친다. 지연은 중립이 아니라 연합의 먹이다. 속도에 개입한다는 건 "서두르자"가 아니다. 속도를 만드는 건 무승부 처리 규칙이다.

바꿀 수 있는 것들은 네 가지다.

① 기한: 언제까지 결정할지

② 결선: 과반이 없을 때 어떻게 압축할지

③ 기본값: 기한이 지나면 무엇이 자동으로 채택되는지

④ 위임: 무승부가 길어질 때 누가 결정을 내리는지(그리고 책임은 누구에게 붙는지)

갈등 자체는 없앨 수 없다. 하지만 갈등이 "영원히 반복되는 상태"로 굳는지는 바꿀 수 있다. 개입 시점은 "늦어졌다"가 아니라 "늦어짐이 습관이 되기 직전"이다.

"다음 회의에 또 보죠"가 두 번째 나오는 순간, 이미 레버를 건드려야 한다.

예를 들어, 회의에서 가장 약한 판은 이런 판이다.

"다음에 보자"만 있고, "다음이 언제인지"와 "그때까지 기본값이 뭔지"가 없는 판.

그 판에서는 시간을 가진 쪽이 이긴다. 결집은 자라고, 개인은 흩어진다.

4. 레버 2. 선택지를 관리하라

선택지를 줄이면 게임의 성격이 바뀐다. 선택지가 둘이면 과반이 생기고, 선택지가 셋이면 과반이 깨질 수 있고, 과반이 깨지면 연합이 등장한다. 그래서 선택지는 단순한 옵션 목록이 아니다. 선택지는 연합의 토양이다.

바꿀 수 있는 것들은 다음이다.

- 의제 잠금: 오늘은 무엇만 "결정"하고 무엇은 "논의"로 남길지
- 단계적 결정: 방향 → 범위 → 방식처럼 순서를 정해 선택지를 압축하기
- 결선/우선순위: 셋 이상을 두 개로 줄이는 절차를 먼저 합의하기
- 안건 쪼개기: 한 번에 하나씩 결론이 나도록 분리하기(또는 반대로 패키지로 묶어 과반 만들기)

여기서 한 가지를 더 인정해야 한다.

선택지를 줄이는 건 개인전을 복구하는 기술이지만, 선택지를 묶는 것(패키징)은 연합이 과반을 만드는 기술이기도 하다.

그래서 핵심은 "줄여라"가 아니라 이거다.

지금 과반이 어떤 비용으로 만들어지고 있는가.

선택지 증감이 누구에게 협상비용을 떠넘기고 있는가.

선택지는 늘리기 쉽고 줄이기 어렵다. 그래서 선택지를 줄이는 사람은 싫은 소리를 듣기 쉽다. 하지만 그 역할이 없으면 판은 협상 게임으로 굳는다. 그리고 여기서부터 책임이 따라온다. 선택지를 늘리는 건 협상을 강제하는 권력이고, 협상 비용은 반드시 누군가가 낸다. 그 비용이 개인에게 떨어질수록 연합이 강해진다.

5. 레버 3. 책임을 룰에 붙여라

책임이 흐려지면 '크게 지지 않는 집단'이 이긴다. 연합의 힘은 승리의 화려함이 아니라 손실의 통제에서 나온다. 손실을 통제하려면 "책임이 어디에 붙는가"가 결정적이다.

책임이 흐려지는 순간, 손실은 개인에게 집중되고 결집은 그 손실을 분산시키며 강해진다. 그래서 "좋은 사람을 뽑자"는 해결책은 반복해서 실패한다. 사람보다 룰이 먼저다.

바꿀 수 있는 것들은 다음이다.

- 책임자 명시: 이 결정의 최종 책임자는 누구인가
- 실패 비용 자동 귀속: 실패했을 때 어떤 비용이 누구에게 붙는가
- 공동 책임의 해체: "우리 모두의 결정"을 금지하고, 책임 단위를 쪼개기
- 시차 제거: 나중에 회피할 수 없게, 결정과 책임을 같은 시간에 묶기

책임을 룰에 붙인다는 건 처벌이 아니라 구조화다. 구조화는 예측 가능성을 만들고, 예측 가능성은 결집의 폭주를 줄인다.

개인이 할 수 있는 최소한의 생존 문장도 있다.

"이 결정의 책임자는 ○○이고, 제 책임 범위는 ○○까지입니다."

"저는 ○○ 조건이 충족될 때만 동의합니다."

'동의'가 아니라 '조건부 동의'로 남기는 순간, 개인은 비용을 관리할 수 있게 된다.

책임이 흐려질수록, 문장은 갑자기 안전장치가 된다.

6. 레버 4. 판의 크기를 조정하라

판을 쪼개거나 묶어라. 판의 크기는 결판 확률을 바꾼다. 큰 판은 오래가고, 오래갈수록 연합이 유리해진다. 하지만 작은 판이 항상 좋은 것도 아니다. 작은 판은 결론이 빠른 대신, 배제도 빠르다.

그래서 중요한 건 크기 자체가 아니라 목적에 맞는 설계다.

- 단위 조정: 회의·승인·의사결정 단위를 어디까지 쪼갤지
- 묶기/쪼개기: 지나치게 커진 판은 쪼개고, 지나치게 파편화된 판은 묶기
- 우선순위 명시: 대표성을 우선할지, 결정성을 우선할지 문장으로 박기

판의 크기는 "효율" 문제가 아니라 "권력" 문제다. 큰 판은 결론을 늦추고, 늦어진 결론은 협상을 상수로 만든다. 협상이 상수가 되는

순간, 결집한 쪽은 세금을 걷듯 이익을 가져간다. 그래서 규모를 설계하는 일은, 누가 비용을 내고 누가 이익을 가져가는지 다시 배치하는 일이다.

7. 레버 5. 지표를 설계하라

측정 방식을 바꾸면 행동이 바뀐다.

10장에서 지표는 언어가 된다고 했다. 지표가 언어가 되면 사람들은 지표를 올리는 행동을 반복하고, 그 반복이 환경을 굳힌다. 기계를 설득하는 가장 확실한 방식은 하나다. 지표를 바꾸는 것.

먼저, 쓰지 않는 편이 나은 지표가 있다.

단기 반응만 보상하는 지표.

공격적 행동을 보상하는 지표.

보이는 성과만 남기는 지표.

여기에 기준을 하나 더 붙이면 지표가 선명해진다.

좋은 지표는 '행동'을 유도하지만, 나쁜 지표는 '조작'을 유도한다.

좋은 지표는 '시간'을 포함하지만, 나쁜 지표는 '순간 반응'만 본다.

좋은 지표는 '부작용'을 같이 측정하지만, 나쁜 지표는 '성과만' 측정한다.

그리고 지표가 목적을 집어삼키지 않게 하는 장치가 필요하다.

지표를 하나가 아니라 묶음으로 본다.

"지표가 그렇다"를 금지하고 해석 책임자를 둔다.

예외 케이스를 제도화해 모두가 지표를 피해 다니지 않게 만든다.

지표는 현실을 재는 도구처럼 보이지만, 실제로는 현실을 만든다.

측정이 바뀌면 행동이 바뀌고, 행동이 바뀌면 환경이 바뀐다.

8. 언제 개입하고, 언제 떠날 것인가

이 장의 결론은 "다 바꿔라"가 아니다. 개입 가능한 레버가 없다면, 싸움은 영웅담이 아니라 소모전이 된다.

떠나야 할 판의 신호는 분명하다.

지연이 상수다. (결정이 습관적으로 미뤄진다.)

책임이 공중에 있다. (누가 결정했는지 사라진다.)

지표가 목적을 먹었다. (수치가 의미를 대체한다.)

선택지가 통제되지 않는다. (옵션이 계속 폭증한다.)

문제를 제기한 개인만 손해 본다.

이 다섯 개가 동시에 보이면, 그 판은 구조적으로 개인을 소모한다. 그때 이동은 도망이 아니라 자원 재배치다.

반대로 버틸 가치가 있는 판은 완벽해서가 아니라 "손잡이"가 있다. 기록이 남고, 책임자가 명시되고, 기한이 있고, 지표를 수정할 여지가 있고, 판을 조정할 통로가 있는 곳. 느릴 수 있어도 고칠 수 있는 판이다.

남을 가치가 있는 판은 "공정한 판"이 아니라 "고칠 수 있는 판"이다. 기록·기한·기본값·책임, 이 네 가지 중 두 개만 있어도 레버는 생긴다.

9. 설계자의 윤리, 생존자의 태도

설계자는 중립이 아니다. 룰을 만든 사람은 반드시 누군가에게 유리한 기준을 선택한다. 그래서 설계자의 윤리는 "선한 의도"가 아니라 공개다. 누구에게 유리한지, 누구에게 불리한지, 그 대가를 왜 감수하는지, 말할 수 있어야 한다.

생존자는 비겁하지 않다. 연합이 환경이 된 시대에 개인이 모든 판에서 싸우는 건 미덕이 아니다.

덜 다치기 위해 노출을 택하는 것,

책임이 흐려진 판에서 거리를 두는 것,

불리한 판을 떠나는 것, 그건 비겁함이 아니라 구조 이해다.

설계자가 룰로 비용을 배치한다면, 생존자는 그 비용이 내 이름으로 청구되는 순간을 피하거나 관리한다. 둘은 서로 다른 사람이 아니라, 같은 인간의 다른 위치다.

10. 마지막 요약:
바꿀 수 있는 것은 '사람'이 아니라 '판'이다

이 책의 결론은 한 문장으로 요약된다. 사람을 바꾸려 하지 마라. 판을 바꿔라.

연합을 악으로 만들지 마라. 연합은 구조가 만든 행동이다.

환경을 음모로만 보지 마라. 환경은 기계처럼 굴러간다.

그러니 우리가 할 수 있는 일은 의외로 단순하다.

속도를 조정하라. (무승부를 줄여라.)

선택지를 관리하라. (과반이 생기게 하라.)

책임을 붙여라. (비용이 공중으로 증발하지 않게 하라.)

판의 크기를 조정하라. (결판 확률을 바꿔라.)

지표를 설계하라. (기계가 무엇을 보상하는지 바꿔라.)

레버가 없으면 이동하라.

가위바위보에서 무승부를 처리하는 방식이 승부를 바꾸듯, 사회에서도 무승부·선택지·책임·기본값을 설계하는 방식이 결과를 바꾼다.

세상은 완벽해지지 않는다. 하지만 덜 불공정해질 수는 있다. 그 차이는 대개 "사람이 더 착해져서"가 아니라, 비용이 다시 설계돼서 생긴다.

우리는 사람을 바꾸는 데 자주 실패할 것이다. 하지만 판을 바꾸는 데는, 성공할 수 있다.

룰을 읽는 생존자
부제: 판의 게임에서 덜 다치기 위해

프롤로그의 마지막 질문은 이것이었다.

왜 다수는 소수에게 지는가?

이제 답은 단순해졌다. 다수는 각자 합리적으로 움직이지만, 소수는 손실을 나누며 먼저 결집하기 때문이다. 이 책은 다수를 비난하지도, 소수를 악마화하지도 않았다. 대신 "공정해 보이는 룰"이 어떻게 비대칭을 만들고, 그 비대칭이 어떻게 반복되는지를 보여주려 했다.

가위바위보 서바이벌을 떠올리면 직관적이다. 그 게임에서 살아남는 건 "가장 강한 손"이 아니라 "한 번에 무너지지 않는 팀"이다. 누가 희생을 맡을지까지 합의한 팀, 즉 손실을 분담할 줄 아는 집단이 마지막까지 남는다.

반대로 다수는 지기 싫고 다치기 싫어서 "안전한 선택"을 한다. 그 합리성은 개인에게는 옳지만, 판의 게임에서는 늦다. 다수는 승자의 냄새가 난 뒤에야 모인다. 그래서 자주 진다. 다수가 멍청해서가 아니라, 다수는 각자 합리적으로 움직이기 때문이다.

이 책이 설명한 것은 그 구조였다. 그리고 끝에서 남겨야 할 것은 하나다. 그 구조 속에서 덜 다치기 위해 필요한 태도, 룰을 읽는 생존자의 언어다.

1. 다수는 왜 늦게 모이는가

다수는 결집하지 않는다. 다수는 형성된다. 그리고 형성에는 시간이 걸린다. 다수는 대개 신호를 보고 움직인다.

"이쪽이 이길 것 같다."

"이쪽이 대세다."

"이쪽이 안전하다."

이건 비겁함이 아니라 합리성이다. 다수는 비용을 나눌 약속이 없기 때문이다. 혼자 튀면 혼자 다친다. 그래서 다수는 확인을 기다린다. 확인이 끝났을 때 모인다.

문제는 그때다. 판의 게임에서 중요한 것은 "얼마나 많이 모였는가"가 아니라 "언제 모였는가"다. 다수는 늦게 모이기 때문에, 모였을 때는 이미 판이 기울어 있다.

그래서 다수는 늘 비슷한 감각을 갖는다.

"왜 이렇게 갑자기 분위기가 바뀌었지?"

"왜 다들 저쪽으로만 가는 거지?"

"왜 내가 말하면 이상한 사람이 되지?"

갑자기가 아니다. 다수가 늦게 도착한 것이다.

2. 소수는 왜 먼저 결집하는가

소수는 숫자가 작기 때문에 강한 게 아니다. 이 책에서 소수는 '적은 사람'이 아니라 손실을 나누기로 합의한 사람들이다. 다수는 '많은 사람'이 아니라 각자 살아남으려 분산된 사람들이다.

소수가 먼저 결집할 수 있는 이유는 하나다. 손실을 나눌 수 있기 때문이다.

누군가는 앞에 나서고,

누군가는 뒤에서 받치고,

누군가는 '지는 손'을 맡고,

누군가는 그 덕에 살아남는다.

이 역할 분담은 선악이 필요하지 않다. 그냥 작동한다. 그리고 작동하는 것은 반복된다.

그래서 소수는 판의 게임에서 빠르게 움직인다. 반대로 다수는 각자 합리적으로 움직이기 때문에 소수만큼 빨리 움직이기 어렵다.

이 비대칭이 "왜 다수는 소수에게 지는가"의 핵심이다.

3. 이제 우리는 '판의 게임'을 산다

우리는 오랫동안 세상을 개인전처럼 배워왔다.

더 똑똑하면 이긴다.

더 열심히 하면 이긴다.

더 설득하면 이긴다.

더 옳으면 이긴다.

이 말들이 틀렸다는 뜻은 아니다. 다만 더 큰 것이 위로 올라왔다. 판. 룰. 속도. 책임. 지표. 이것들이 결과를 만든다. 그래서 이건 개인전이 아니라 판의 게임이다.

가위바위보에서 중요한 건 어떤 손이 "절대적으로 강한가"가 아니었다. 승부를 바꾼 건 무승부가 얼마나 자주 나오고, 무승부가 길어질 때 누가 더 빨리 합의를 만들 수 있느냐였다. 사회도 비슷하다. 옳고 그름만으로는 결론이 나지 않는 순간들이 있고, 그 순간부터 판은 "손"이 아니라 "처리 규칙"에 의해 기운다.

그래서 생존자는 누군가를 악인으로 만들기 전에 먼저 판을 읽는다. 생존자는 이기기 전에 덜 다친다. 생존자는 싸우기 전에 룰을 확인한다.

4. 룰을 읽는 순서

"룰을 읽는다"는 말을 남겨두고 끝내고 싶지 않다. 생존자는 대개 이 순서로 판을 읽는다.

1) 속도: 결정은 언제 내려지는가

결정이 내려지지 않으면 판은 무한 반복이 된다. 무한 반복은 결집에게 유리하고 개인에게 불리하다.

- 기한이 있는가?
- 보류가 예외인가, 습관인가?
- 무승부는 어떻게 처리되는가?
- 기한이 없으면, 결집이 기한이 된다.

2) 선택지: 과반이 가능한가

선택지가 둘이면 결론이 나고, 셋이면 결론이 늦어진다. 선택지가 늘어날수록 연합이 필수로 들어온다.

- 선택지는 줄어드는가, 늘어나는가?
- 누가 선택지를 늘리는가?

- 결선이나 압축 규칙이 있는가?
- 선택지가 셋이면, 승부는 표가 아니라 조합이 된다.

3) 책임: 실패 비용은 어디로 가는가

판의 게임에서 가장 위험한 순간은 책임이 흐려질 때다. 책임이 흐려지면 손실은 개인에게 떨어진다.

- 최종 책임자는 누구인가?
- 실패하면 누가 비용을 지는가?
- 책임이 문장으로 남는가?
- 책임이 흐려지면, 손실은 개인에게 온다.

4) 지표: 무엇이 보상받는가

기계는 숫자로 판을 굳힌다. 무엇을 보상하는지가 곧 판이 원하는 행동이다.

- 무엇을 하면 인정받는가?
- 무엇을 하면 노출되는가?
- 무엇을 하면 배제되는가?
- 측정이 목표가 되면, 조작이 실력이 된다.

5) 판의 크기: 결판 확률은 얼마인가

판이 크면 결론이 늦고, 결론이 늦으면 결집이 유리해진다.

- 판을 쪼갤 수 있는가?
- 결론을 낼 수 있는 단위가 있는가?
- 이 판은 너무 큰가, 너무 흩어져 있는가?
- 판이 커질수록, 결론은 늦고 협상은 상수가 된다.

이 다섯 가지를 읽으면 적어도 "왜 내가 지는지"는 알게 된다. 그리고 그것만으로도 다음 라운드는 달라진다.

5. 생존자의 최소 행동 원칙

생존자는 멋지게 이기는 방법부터 찾지 않는다. 생존자는 같은 방식으로 두 번 지지 않는 방법부터 만든다. 그래서 원칙은 단순하다.

기록을 남긴다. 보류의 이유와 결정의 조건과 책임의 위치를 문장으로 남긴다. 기록은 싸움이 아니라 보험이다.

조건을 문장으로 만든다. 연합이 가장 강할 때는 조건이 보이지 않을 때다. 문장화하면 숨은 결집은 무거워진다.

연합을 공격하지 말고, 조건을 묻는 질문으로 문장화하라. 공격은 비용을 내게 하지만, 문장화는 비용을 상대에게 돌린다.

선택지를 압축한다. 정답을 주장하기보다 판을 단순하게 만든다. 단순해진 판은 결론을 향해 움직인다.

기한을 요구한다. 지연은 중립이 아니다. 기한은 무한 반복을 끊는다.

책임을 흐리지 않는다. 동의가 필요하면 범위와 조건을 붙인다. 책임이 공중으로 뜨는 순간 개인이 먼저 소모된다.

이 원칙들은 정답이 아니다. 하지만 살아남는 확률을 올린다. 판의 게임에서 생존은 종종 확률의 문제다.

6. 떠나는 기술

생존의 마지막 기술은 싸움이 아니라 이동이다. 모든 판에서 이겨야 한다는 강박은 개인을 소모한다. 떠나야 할 판에는 공통된 신호가 있다.

- 결정이 습관적으로 미뤄진다.
- 선택지가 통제되지 않는다.
- 책임이 증발한다.
- 지표가 의미를 삼킨다.
- 문제 제기한 개인만 반복해서 손해 본다.

이 다섯 가지가 한꺼번에 보이면 그 판은 개인의 성실함으로 이기기 어렵다. 그건 당신이 부족해서가 아니라 구조가 불리해서 그렇다.

떠나기 전 마지막으로 이것만 확인해도 된다.

- 내가 결정권을 갖는가?
- 내 이름이 책임에 붙는가?
- 바꿀 수 있는 레버가 최소 하나라도 있는가?

셋 다 '아니오'면, 떠나는 게 설계다.

떠나는 것은 패배가 아니다. 떠나는 것은 손실을 제한하는 능력이다. 손실을 제한할 줄 아는 사람이 오래 산다.

7. 생존에서 설계로, 그리고 마지막 문장

이 책은 끝에서 다시 연결되어야 한다. 생존과 설계는 다른 길이 아니라 같은 길의 다른 구간이다.

처음에는 누구나 생존자다. 판이 보이지 않으니 다친다. 다치고 나면 판을 읽는다. 판을 읽다 보면 아주 작은 룰 하나라도 바꾸고 싶어진다.

회의에 기한을 붙이는 것.

선택지를 둘로 압축하는 것.

책임자를 문장으로 고정하는 것.

지표의 해석을 되돌리는 것.

판의 크기를 조정하는 것.

이런 작은 개입이 쌓이면 사람은 설계자가 된다. 거창한 권력을 가진 사람이 아니라, 판에 손잡이를 하나 더 만드는 사람.

가위바위보에서 우리가 얻은 인사이트도 결국 이것이었다. 승부는 손의 강약이 아니라, 무승부를 어떻게 처리하느냐에서 바뀐다. 사회도 마찬가지다. 옳은 말이 아니라, 결론이 나게 만드는 규칙이 결과를 바꾼다. 룰이 바뀌면, 같은 사람도 다른 선택을 한다.

룰을 바꾸면 설계자고, 룰을 읽으면 생존자다.

그리고 당신이 룰을 읽는 순간, 판은 이전과 같지 않다.

이 책이 바라는 건 당신이 항상 이기는 사람이 아니라, 한 번에 무너지지 않는 사람이 되는 것이다.